# 콜링

## calling 소명

한덕종 지음

영창출판사

# 차 례

## 제 3 장 신장이식과 췌장이식, 명의로 인정받다



## 제 4 장 수술실의 오케스트라



## 제 5 장 다시, 새롭게 가야 할 길



## 약력 및 업적

## 저자의 말

나의 열 손가락 중에는 손톱이 자라지 않는 손가락이 하나 있다.

태어난 지 육 개월 만에 한국전쟁을 맞아, 고된 피난의 행렬에서 앓은 생인손의 흔적이다. 어머니의 등에 업혀 먼 길을 떠나는 아기의 손가락은 나날이 곪아갔지만 열악한 환경 때문에 치료는커녕 목숨마저 위태로운 상황이 되었다. 그러던 어느 날, 우연히 마주친 젊은 청년의 도움으로 나는 살아날 수 있었다. 불에 달군 주머니칼로 손가락을 째고 시술을 받은 덕분이었다. 이후부터 내 왼손 중지에는 손톱이 자라지 않는다. 생을 얻고 손톱을 잃은 것이다. 외과의사의 길은 그렇게 내게 운명으로 다가왔던 것 같다.

생명을 구하는 일에 가장 선행하는 것은 타인을 돕고자 하는 마음이다. 자신의 안위조차 챙기기 어려웠을 그 시기에, 어린 생명을 구하고자 했던 청년의 마음이 아니었다면 나는 어떻게 되었을까.

### 소명(Calling)

주어진 의사로서의 소명과 하나님의 부르심에 헌신하고자 나는 노력해왔다. 숨 가쁘게 수술실과 진료실을 오가며 40여 년을 살다 보니 언젠가부터 내 이름 석 자 앞에는 '국내 최초', '국내 최다', '국내 최고' 라는 수식어가 따라붙는다.

요즘 나는 과거 일을 회상하는 시간이 많아졌다. 외과의사로서 첫 발을 내디딘 이래 국내 장기 이식의 선두주자로 자리매김하기까지.

나에게도 햇병아리 같던 인턴 시절이 있었다. 임상 연구에 매진했던 레지던트 시절을 지나왔고 이식 수술에 눈을 뜬 미국 연수 경험도 뒤따랐다. 환자들을 만나고 그들의 건강 회복에 몸과 마음을 쓰며 살아오는 동안 참 많은 일들을 해냈고 많은 일들을 겪었다.

돌아보면 참으로 인생은 짧고 어찌 보면 우여곡절 많은 긴 시간이다. 그럼에도 혼자서 살 수 없는 인간의 삶이기에 타인과의 우애와 믿음과 사랑으로 또는 질시와 미움으로 삶의 드라마를 만들어 간다.

70년 삶을 살아오는 동안 부모로부터 시작하여 가족, 선배, 몇 분의 멘토, 그리고 직장동료와 후배들의 도움과 배려가 있었기에 의사로서의 길을 꿋꿋이 걸어올 수 있었다.

혼자만의 기억으로 묻어두기엔 아쉬운 이야기들이 많다는 생각을 하던 차에, 선배이신 김인구 선생님(전 서울아산병원 부원장, 강릉아산병원장)께서 이런 말씀을 하셨다.

"당신이 그동안 살면서 한 분야를 열심히 개척하고 쌓아왔으니, 그 과정을 다른 이들에게 널리 알려 도움을 주는 게 어떻겠어?"

그 조언을 듣고 망설이던 끝에 용기를 내보기로 했다.

이 책은 개인적인 회고록임과 동시에 의사와 환자들의 이야기이며, 거룩한 나눔과 아름다운 동행의 서사이다. 건강한 삶과 더불어 함께 공존하는 세상에 대한 작은 지침서이다. 이 한 권의 책이 독자들에게, 특히 동료와 후배들에게 공감이 되고 앞으로의 삶에 조금이라도 긍정적인 도움이 되었으면 하는 바람이다.

마지막으로 이 원고를 함께 만드느라 애쓰신 진보경 작가님, 부모님, 가족 한정민, 한정훈, 특히 평생 나의 반려자로 모든 일에 조언자 역할을 해준 아내 신수은에게 감사드리며 오늘까지 그리고 향후 남은 나의 삶을 인도하실 하나님께 감사드린다.

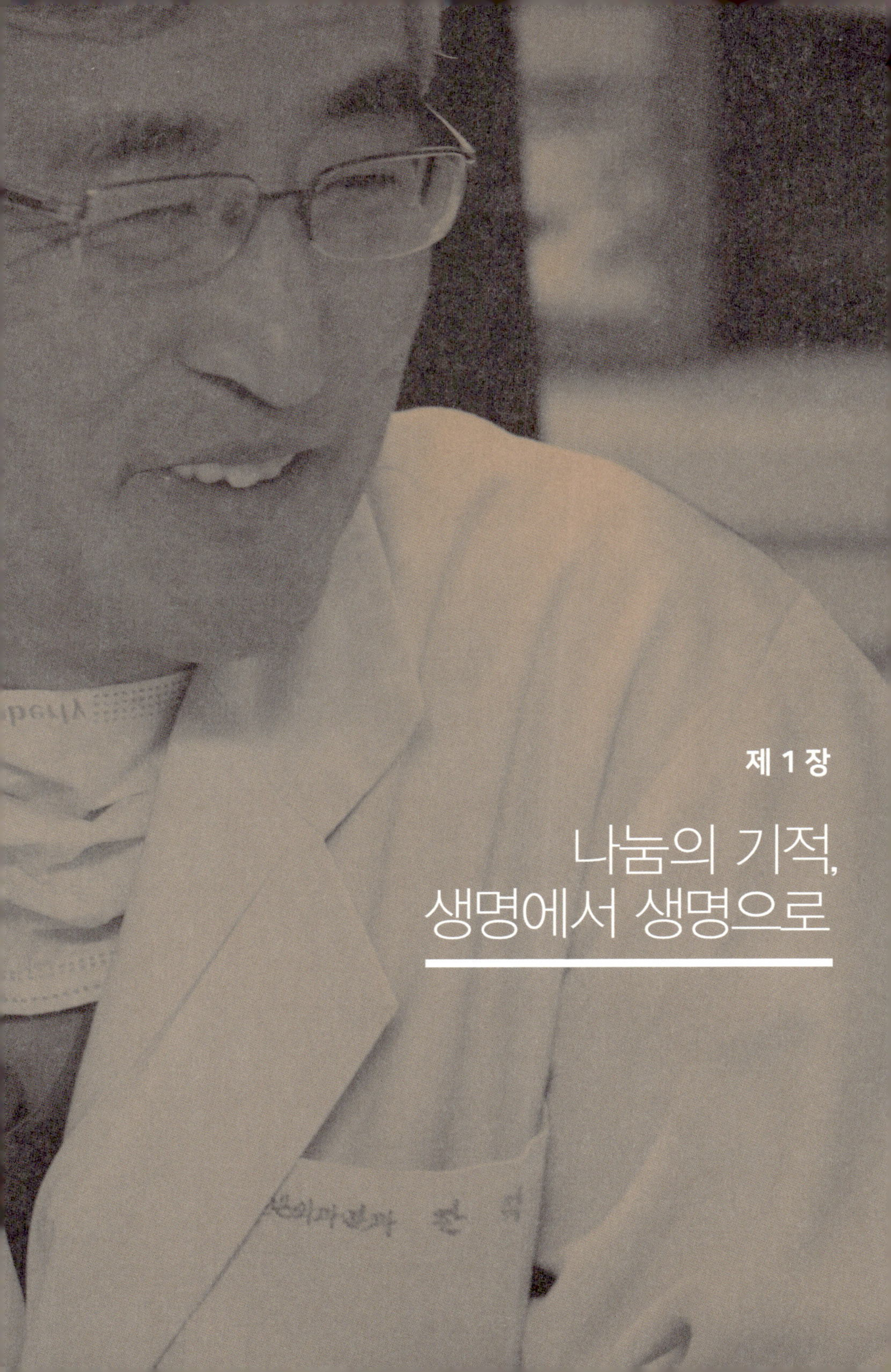

제 1 장

# 나눔의 기적, 생명에서 생명으로

# 1
# 동행

## 홀로 걷지만 혼자가 아닌 길

나는 매주 토요일 혼자 검단산에 오른다. 한 시간 넘게 가파른 산길을 오르다가 정상에 다다르면 비로소 시야가 탁 트이며 드넓은 세상이 한눈에 들어온다. 팔당과 양수리 일대의 도도히 흐르는 강물과 멀리 우뚝 선 유명산과 용문산의 아름다운 산세를 마주할 때면 가슴이 시원하게 뚫리는 느낌이 든다. 자신과의 약속을 지키기 위해 매주 오르는 산행 길이 주는 기쁨은 만만치 않아서, 나는 한 주도 거르지 않으려 노력하고 있다. 지인들은 호기심 어린 표정으로 이렇게 묻곤 한다.

"혼자서 등산을 무슨 재미로 다닙니까?"

나는 허허, 웃으며 얼버무리고 만다. 할 말이 없는 건 아니다. 산길을 오르내리는 동안 나는 한 번도 혼자라는 생각을 한 적이 없다. 발밑을 구르는 작은 돌, 가까이에서 나부끼는 이름 없는 풀꽃들, 저 멀리 각양각색의 모습으로 뿌리내린 나무들, 보이지 않는 곳에서 노래 부르는 산새들, 그리고 이제는 은빛으로 샌 내 머리칼을 어루만지고 떠나는 바람의 손길에 이르기까지. 가파른 경사 길에 숨이 차고 땀을 비 오듯 흘리면서도 나는 이 모든 것들이 나와 동행임을 어렴풋이 느낀다. 자연의 뭇 생명들은 결코 혼자서는 존재할 수 없다. 그들은 서로가 서로의 것을 나누어주는 데 인색하지 않다. 풀꽃들은 꽃씨를 벌과 나비에게 나누어주고, 벌과 나비는 그것들을 옮기며 또 다른 꽃과 풀이 자라나게 돕는다. 우리의 인생 또한 이와 다르지 않을 것이다. 외과의사로서 걸어온 사십여 년 나의 삶에도 길목마다 수많은 동행이 있었다.

홀로 걷는 길, 그러나 동행.

이식 또한 그렇지 아니한가. 뇌사자 이식이든 생체 이식이든, 성공적인 수술 뒤의 삶은 동행이다. 기증자와 수여자의 나눔, 이식인과 의료진의 동행. 오늘도 나는 이들과의 동행으로 충분히 기쁘고 행복하다.

## 긍정을 심고 희망을 잇는 시간

2019년 12월 3일.

본격적인 겨울 추위가 시작되려는지 내내 온화하던 날씨가 안색을 바꾸어 출근길 코끝에 시린 바람을 불어넣었다. 점심시간이 지나자 창밖으론 진눈깨비마저 흩날리고 있었다.

오후 두시, 서울 아산병원 동관 6층 소강당에서 개원 30주년 기념 《신장/췌장이식 건강 강좌》가 개최되었다. 수술 이후 건강한 장기 기능을 유지하는 이식인들의 경험담을 나누는 시간으로 연결될 예정이어서, 장기 생존 환자들은 물론 이식을 앞두고 있거나 이식 대기 중인 환자들도 함께 모인 뜻깊은 자리였다. 그들의 건강한 얼굴을 마주하는 일은 내게 언제나 보람이고 기쁨이다.

이날 모임에는 이식팀 권현욱 선생과 최지윤 선생, 김영훈 선생, 신장내과 김효상 선생, 장기이식센터 홍정자 간호사가 바쁜 일정 속에서도 틈틈이 자료를 준비하여 참석했고, 정주희 간호사가 지휘하는 스탭들의 손길도 보태어졌다.

나는 식순에 따라 개회사를 위해 연단에 올랐다. 단상에서 반가운 얼굴들과 생기 가득한 표정들을 마주하니 새삼 감개가 무량해졌다. 따로 준비하지 않더라도 마음에서 우러나오는 소회는 한결같았고, 나는 그 마음을 솔직하게 전했다.

"10년, 20년, 그 이상까지 건강한 삶을 유지 중인 여러분과 이렇게 함께 모인 것은 우리 이식팀에게는 물론 당뇨병을 앓고 있거나 여러 가지 원인의 만성 신부전증으로 투석을 하고 있는 분들, 혹은 수술 전후 환자들에게도 매우 뜻깊은 일입니다. 이식 후 관리라든지 건강을 유지하는 비결에 대해서라면 어쩌면 우리보다 더 잘 알고 계실 거라 생각합니다. 저희 아산병원 외과 이식팀에서는 올해 2019년에도 신장이식 409례와 췌장이식 48례를 달성하며 총 신장이식 5,700례와 췌장이식 460례로 국내외 타 병원이 넘어설 수 없는 결과를 이뤘습니다. 이 자리를 비롯해 앞으로도 우리는 여러분의 이야기들을 통해 이식을 앞두고 있거나 고민 중인 환자들에게 긍정의 마음과 희망을 심어주고자 합니다. 늘 건강한 삶을 유지하시기 바라며, 감사의 말씀 올립니다."

다음으로 의료진들의 〈신장이식/췌장이식의 역사와 현황〉, 〈이식 후의 건강관리〉와 〈이식인의 제2의 삶〉 등에 관한 브리핑이 이어졌고 〈이식 관련 질의응답〉 차례가 되자 마이크는 객석으로 넘어갔다.

환우들 간 교류는 환자들 상호 간에 도움을 주는 것은 물론이고 우리 의료진에게도 중요한 정보와 지식을 제공하고 있다.
환자 대 환자는 물론이고 환자 대 의료진 간의 정보 공유가 큰 도움이 되고 있음을 더 말해 무엇할까.

## 환자들의 마음과 차세대 명의들에 대한 기대

제일 먼저 손을 번쩍 들어 마이크를 이어받은 이는 10여 년 전 신장과 췌장을 동시에 이식받은 권○○씨였다.

"언제나 저는 한덕종 교수님을 뵙고 나면 그동안 아팠던 증상들이 모두 사라집니다. 수술은 물론 이식 전후 환자들의 건강을 물심양면으로 챙겨주시는 교수님이 저희를 언제까지 돌봐주실 수 있을지, 불안하고 궁금합니다. 환우들의 몸과 마음을 오래오래 보살펴주셨으면 좋겠습니다."

질문이라기보다 부탁에 가까운 말에 선뜻 답변하기 어려웠다. 그들과 멀어지는 일이 나로서도 몹시 안타깝지만 어느덧 내 나이 칠십이 다 되어 언제까지 이곳을 지킬 수만도 없는 상황이었기 때문이다.

5년 전 교수로서 정년퇴임을 했음에도 나는 병원 쪽의 요청에 따라 지금까지 연장을 거듭해오고 있다. 이들의 곁을 오래 지켜주고 싶지만 고희를 바라보는 나이가 한계의 시간을 앞당기고 있다. 가족들의 걱정도 이만저만이 아니다. 현재로서는 2021년까지, 약속된 기간 동안 최선을 다하겠다는 다짐을 할 뿐이다. 한 가지 마음이 놓이는 것은 강좌를 진행했던 권현욱 선생과 최지윤 선생, 김영훈 선생, 신장내과 김효상 선생 등을 비롯해 아산병원 이식팀에는 차세대를 대표할 명의들이 많고, 그들에 대한 기대감도 크다는 것이다.

그러한 사정과 생각을 나는 멋쩍은 웃음과 함께 전달하였다. 내가 오늘이나 내일 당장 물러나더라도 상관없을 정도로 다른 동료의사들이 여러분을 잘 보살펴 드릴 것이니 걱정하지 말라는 격려로 대답을 마무리했다. 그럼에도 어쩐지 마음 한편이 찡한 건 어쩔 수 없었다.

"말씀은 그렇게 하셨어도 계속 지켜주시리라 믿습니다."

권현욱 선생의 재치 발언에 청중의 박수가 이어졌다.

환자들의 한결같은 신뢰에 새삼 감사하고 겸허한 마음이 들었다.

분위기는 자연스럽게 이식 후 장기 생존자들의 사연과 소감을 나누는 쪽으로 넘어가고 있었다.

## 장기이식인의 금과옥조 - 면역억제제, 운동, 식이요법, 긍정적 마음

장기를 이식받은 사람들은 일반인보다 건강을 위해 특별히 더 조심해야 할 것들이 있다. 그중 첫 번째는 면역억제제의 정확한 양과 복용 시간을 지키는 것이다.

2010년 6월, 신·췌장 동시 이식을 무수혈 수술로 진행한 김○○씨가 연단에 올라 이에 대한 자신의 생각을 밝혔다. 그는 현재 대전의 모 대학 영어교수로 재직 중이다. 지난 2월에 개최한 《제1회 아시아 췌장-췌장도세포 이식 학술대회》[1] 때 유창한 영어로 사회를 맡을 정도로 활기찬 일상을 회복했다.

"저의 경우, 이식받은 장기가 지금까지 잘 관리되고 있는 이유는 두 가지라고 생각합니다. 첫째는 의사의 지시를 잘 따르는 것, 두 번째는 무수혈 수술 덕분입니다."

---

1) 제5장 APITA 내용 참조(171P)

그가 말한 의사의 지시사항에는 면역억제제 양과 복용시간 준수, 환자의 장기 생존력을 높이기 위한 정기적인 운동과 좋은 식습관, 그리고 규칙적인 생활 등이 있다. 이중 가장 중요한 것은 면역억제제의 정확한 양과 복용시간 준수이다.

체내에 약물 농도가 일정하게 유지되어, 이식 받은 장기가 손상되지 않도록 하기 위해선 이식인들 스스로가 먼저 열심히 노력해야 한다. 처방받은 약을 의사의 지시 없이 일시 중단하거나 면역억제제의 양을 임의대로 줄이는 것은 이식받은 장기를 포기하는 것과 마찬가지이다. 김○○씨는 의사를 신뢰하고 면역억제제를 정확히 복용하는 것만이 장기생존력을 높이는 지름길임을 재차 강조했다.

이어서 그는 이식 환우들 간 정보 공유 또한 큰 도움이 된다고 말했다.

"제 경우 이식 9년차에 접어들면서 신장 기능이 점점 떨어지고 있었습니다. 그래서 고민이 많았는데, 이식 환우들의 조언을 듣고 답을 찾게 되었어요."

김○○씨가 조언을 듣고 제일 먼저 취한 조치는 산에 가서 운동을 하는 것이었다. 일주일에 180~260분 운동을 목표로 세웠는데, 그중 120분 동안 산이나 평지 길을 걷고 나머지 시간은 근력을 강화하는 데 투자한다. 취침 전 실내자전거 타기도 거르지 않는다. 또한 그는 신장 피로도를 낮추기 위해 단백질 제한식을 하고 있으며, 저염식 위주로 식습관을 관리하고 있다. 그렇게 6개월이 지나자 놀랍게도 크레아티닌 수치는 2.3에서 1.7로 떨어졌고, 지금도 잘 유지되고 있다.

### 첫 번째 무수혈 이식 수술의 긴장과 부담감

김○○씨는 무수혈 이식 수술의 경험도 생생하게 전했다. 그의 발언을 듣다보니 머릿속으로 그날의 일들이 주마등처럼 스쳤다.

"한 교수님 도움으로 저는 무수혈 이식 수술 첫 사례로, 뇌사자 췌장과 어머니의 신장을 동시에 이식받았습니다. 수술 다음 날 제가 자력으로 일어나 병실 문을 열고 나왔을 때, 스테이션 의료진들이 놀라 벌떡 일어나던 기억이 생생하네요. 중요한 것은 긍정적인 마음가짐과 바람직한 생활 습관 유지입니다. 여러분, 저와 함께 오래오래 장기 건강 유지합시다."

그의 발언에는 내가 평소 환자들에게 귀가 따갑도록 강조하는 내용이 모두 들어 있었다. 면역억제제의 양과 시간을 정확히 지키는 것, 꾸준한 운동과 저염식 위주의 식이요법, 환자들 간의 정보공유와 긍정적인 마음가짐 등. 특히 그의 경우엔 첫 번째 무수혈 이식 수술이어서 나로서도 무척 긴장되고 부담이 컸었다. 더구나 수술 후 기증받은 어머니의 신장이 100% 기능을 하고 있지 않아 더 걱정이었는데, 다행히 이식 후 환자 스스로 관리를 잘 해준 덕분에 지금껏 건강을 유지 중이어서 새삼 고마움이 컸다.

식이요법에 관해서라면 타의 추종을 불허할 만큼 전문적인 수준이어서 어떤 면에서는 배울 점도 많은 사람이다.

그가 언급한 환우들 간 교류는 환자들 상호 간에 도움을 주는 것은 물론이고 우리 의료진에게도 중요한 정보와 지식을 제공하고 있다. 환자 대 환자는 물론이고 환자 대 의료진 간의 정보 공유가 큰 도움이 되고 있음을 더 말해 무엇할까.

교수로서 정년퇴임을 했음에도 나는 아직 환자 곁에 머물고 싶다. 한 가지 마음이 놓이는 것은 차세대를 대표할 명의들이 많고, 그들에 대한 기대감도 크다는 것이다.

## 신장을 매일 쓰다듬듯 감사하는 마음으로

2000년 7월에 신장과 췌장을 동시에 이식하고 현재 췌장이식 환우회장을 맡고 있는 송○○씨의 경험담도 시사하는 바가 적지 않았다. 그는 나를 비롯한 아산병원 의료진에 대한 감사 인사에 이어 이식 후 19년 5개월 차인 자신의 건강관리 비법 세 가지를 밝혔다.

그 역시 첫 번째 비결로 면역억제제를 잘 복용하는 것을 들었다. 이식 후 19년 넘게 지내오면서 그 일을 단 한 번도 빠트린 적이 없다고 했다. 더불어 의사의 말을 잘 듣는 것만이 건강 유지의 지름길라고도 했다.

"먹지 말라는 것 먹지 않고, 먹으라는 것 먹고, 하지 말라는 것 하지 않고, 하라는 것 하고. 그러면 됩니다. 간단해요. 대개 이식 받으신지 얼마 안 된 분들은 이식 후 관리에 대해 굉장히 어렵게 생각하시는 경향이 있는 것 같습니다. 환우회 카페나 밴드에 올라오는 글들을 보면, 이거 해도 돼요? 저거 먹어도 돼요? 반려견 키워도 돼요? 등등 여러 가지 질문을 하시는데, 저 같은 경우에는 다 하지 말라고 합니다. 한 교수님이 하지 말라고 하는 것은 하지 않는 게 정답입니다."

주목할 만한 부분은 외식을 삼가라는 당부였다. 송○○씨가 강조하듯이 이식인들의 경우에 음식은 집에서 조리해 먹는 것을 습관화하는 편이 좋다. 아무래도 바깥 음식은 간이 좀 세고 조리 방법도 알 수 없기 때문이다.

그 또한 두 번째 노하우를 운동으로 꼽았다. 자신은 운동을 좀 과하다 싶을 정도로 열심히 한다며 강조를 거듭했다. 하루 두 시간씩, 일주일에 다섯 번 이상 헬스장에서 근력운동을 한다고 밝혔는데, 이러한 경험담은 이식인들에게 많은 깨우침을 줄 것이었다.

“우리 환우들에게도 자주 말씀드리지만, 저는 목숨 걸고 운동을 합니다. 두 번 다시 19년 전으로 돌아가고 싶지 않기 때문이에요. 우리 이식 환우들 모두 공감하실 겁니다. 모두들 당뇨병과 싸우고, 후유증에 절망하고, 무기력하게 누워 투석을 받아야 하는 그 시절로 돌아가고 싶지 않으시잖아요. 운동하시고 약 잘 드십시오. 그러면 과거로 돌아가지 않을 수 있습니다. 간단하죠? 특히 여성분들이 그런 고민도 많고 힘들어 하시는데, 초창기에는 저도 그런 생활 다 겪었어요. 수술도 여러 번 했고 입원도 많이 했지요. 그렇게 5년 10년 지나고 보면 ‘아 그때 겪은 고생은 아무 것도 아니었구나!’ 하고 깨닫게 됩니다.”

객석에는 엊그제 수술한 환자도 참석해 있었는데, 그 환자에게 송○○씨 경험담은 커다란 힘이 될 터였다. 그는 초창기를 생각하면 민망하고 우스울 정도로 지금 건강을 유지하고 있다고 말했다. 굉장히 긍정적인 마인드로, 약 잘 챙겨 먹고 식이요법 잘 지키고 운동도 열심히 하면서, 건강을 유지 중이었다. 특히 감동스러운 대목은 바로 다음에 이어진 그의 세 번째 비결에 대한 고백이었다.

“조금 독특하다 느끼시겠지만 저만의 건강 비결 세 번째는, 하루에 한 번씩 신장을 쓰다듬는다는 것입니다. 보시다시피 저는 마른 체형이고 뱃살이 없어서, 살갗 아래 신장이 비칩니다. 매일 손으로 그곳을 쓰다듬으면서 우리 의료진 생각도 하고 저에게 장기를 주신 기증자를 떠올리기도 해요. 그러면서 이런 생각과 다짐을 합니다. 이분들을 위해서라도 관리를 열심히 해야겠구나, 하고요.”

그는 뇌사자 장기이식 홍보 일도 맡고 있다. 보다 많은 환자들이 보다 건강한 삶을 살 수 있도록 하기 위하여, 이식의 중요성을 널리 알리고자 하는 것이다.

그의 말처럼 이식인은 삶에 대한 굳건한 의지와 긍정적인 마음을 갖는 게 무엇보다 중요하다. 더불어 도움을 준 사람들에게 감사하는 마음을 갖는다면, 이식받은 소중한 장기를 오래오래 건강하게 사용할 수 있을 것이다. 송○○씨의 마지막 발언이 아직도 내 귓가에 생생하다.

"이 생에서는 다시 인슐린 맞지 않고 투석하지 맙시다. 우리나라 평균수명이 팔십 안팎이라고 하죠. 약속드립니다. 남은 인생동안 이식받은 장기 잘 써서, 제가 30년 후에도 이곳에 나와 50년 소감을 발표하겠습니다."

곳곳에서 환호성이 울리며 큰 박수가 터졌다. 강당 안의 열기는 바깥 추위가 무색할 정도로 달아올랐다.

## 투석의 고통 떠올리며 건강관리에 최선

1997년 신장이식 후 23년째 건강한 삶을 영위하고 있는 남○○ 환자는 폐렴 예방접종에 관한 질문을 던졌다. 이에 대해 김효상 선생이 정확하고 쉬운 설명으로 답변을 해주었다.

"생(生) 백신 한 종뿐인 대상포진은 현재까지 금기사항이지만 폐렴 예방접종은 괜찮습니다. 살아있는 균을 약독화(attenuation) 시켜 직접 몸에 주입하는 대상포진이나 황열 접종은 이식환자에게 치명적일 수 있습니다. 실제 외국에서는 대상포진 예방주사를 맞은 뒤 바이러스가 온몸에 퍼져 생명이 위태로워진 사례가 보고된 적도 있습니다. 미국에서 사(死) 백신이 개발되었지만 실제 효과가 미미하여 보편적인 사용은 되지 않고 있으니 아직은 이식환자에게 대상포진 예방접종은 불가한 일입니다."

이어서 20여 년 전 신장을 이식받고 그로부터 5년쯤 지난 뒤 불의의 사고 후유증으로 뇌질환을 얻은 강○○씨의 남편이 마이크를 받았다.

가족들이 모두 잠든 새벽, 평소와 다름없이 근처 학교 운동장을 돌던 아내가 돌연 넘어지면서 머리를 벽에 찧었는데 뇌출혈이 온 것이었다. 강○○씨는 아산병원에서 응급수술을 받았으나 안타깝게도 침대에 누워서만 살 수 있게 되었다. 기억도 잃고 치매까지 겹쳤지만 가족의 극진한 간병으로 지금까지 별 탈 없이 지내고 있다 한다. 남편은, 아내의 건강 상태가 자신보다 더 좋다며 능청스럽게 웃었다. 복용약을 시간 맞춰 챙기고, 좋은 음식을 찾아 제공하고, 가족들이 늘 곁에서 함께 웃고 격려해 주는 것을 그 비결로 꼽았다.

비교적 이른 나이에 발병해 만성신부전으로 10년 동안 투석을 받다가 20대 후반에 신장을 이식한 김○○씨는 자신의 우울했던 청년기를 회상하며 젊은 환우들에게 용기를 심어주었다. 조직 적합도가 25%에 불과해 의료진의 마음을 졸이게 했던 그 청년은 그로부터 24년이 지난 지금 어엿한 중년의 대기업 간부로 성장해 있었다.

다음으로, 신장이식 27년차인 이○○씨가 수줍은 표정으로 일어섰다. 오늘 이야기를 들으며 지난날의 게으름을 반성하게 되었다는 그는 최근에 다시 만보 걷기를 시작했다며 쑥스럽게 웃었다. 그 또한 젊은 시절 발병하여 3년 정도 투석을 받다가 20대 후반에 이식 수술을 받았다. 이후 약 복용과 식이요법 등 관리를 소홀히 하여 혈당수치가 치솟았고, 그 후유증으로 앞이 보이지 않을 지경에까지 이르렀었다. 환자와 의료진 모두를 애태우던 시간들이 주마등처럼 스쳤다. 우여곡절이 많았지만 이후 결혼하여 아이를 낳고 현재까지 잘 지내오고 있다. 그 아이가 대학을 졸업하고 이제 취업을 준비 중이라고 하니 새삼 격세지감을 느낀다며 웃었다. 그러고는 젊은 환우들에게 꼭 당부하고 싶은 말이 있다며 목소리에 힘을 실었다.

"수술하기 전에 투석을 일 년 정도만 받아보세요. 그 과정에서의 고통을 경험한다면, 이식 후가 얼마나 감사한지를 더 절실히 깨닫고 느낄 수 있을 것입니다."

흔히들 인간은 망각의 동물이라고 말한다. 아무리 힘들고 어려웠던 경험도 시간이 지나면 닳아서 잊혀지는 게 인지상정이니까. 오죽하면 개구리 올챙이 시절 모른다는 속담까지 있을까. 하지만 이식인들에게 이런 속담은 적용되어선 안 된다. 투석을 경험한 이식환자들이라면 이런 망각에 굴복하지 않아야 함을 잘 알 것이다. 그렇기에, 신장이식 27년 차인 이○○씨의 경험담은 이식인들이 어떤 자세로 건강을 지켜야 하는지를 단적으로 말해주고 있었다. 그의 당부대로 환자들은 투석의 고통을 시간이 지나도 잊지 말고 이식 수술 후 건강관리의 거울로 삼아야 할 것이다. 그렇게 하면 마음가짐이 달라지고 세상을 바라보는 눈 또한 바뀔 것이다. 의료진들이 최선을 다해 내려주는 처방대로 따르면 아무 문제가 없을 테니 이식 수술을 앞두고 미리부터 불안해하지는 말라는 마무리 발언으로 이○○씨는 마이크를 내려놓았다.

## 이식만이 고통스러운 투병에서 벗어나는 길

마지막 발표자는 쾌활한 목소리의 남○○씨였다. 온몸으로 제스처를 써가며 유머러스한 언변을 풀어놓은 그는 청중의 웃음과 박수를 한 몸에 받았다.

“안녕하십니까. 저는 이십여 년 전 중랑구 신내동에서 배 농사를 짓다가 신장이 망가지는 불행을 겪었지만, 한 교수님의 도움으로 이식 수술을 받고 현재는 사회복지사로 제2의 삶을 영위하고 있습니다. 과거에 저는 이식에 대해 너무 무지했습니다. 정말 아무것도 몰랐어요. 그저 투석만 받다가 이 생이 끝나는 줄로만 알았거든요. 당시 신장내과에서는 이식이 안 된다 했습니다. 그러다 우연히 아산병원에서 한 교수님을 만나게 되었고, 남편과 같은 혈액형이라는 사실을 들은 교수님께서 이식을 권유하셨습니다.”

그는 부부 간 생체이식 첫 번째 사례였다. 성공적인 수술 이후, 아파서 병원에 온 적이 단 한 번도 없었다.

“평소 저는 면역억제제를 보약이라 생각하고 먹습니다. 정해진 시간마다 보약을 먹는다는 마음가짐으로 약을 챙겨 먹지요. 한번은 남편과 여행을 갔는데, 도착지에 이르러서야 약을 챙겨오지 않았다는 것을 알았습니다. 그때 남편은 바로 차를 돌렸고, 집으로 돌아왔습니다. 이식 후 이십 년 넘게 건강을 유지해온 비결 첫 번째가 이처럼 한 번도 빠뜨리지 않고 정확하게 면역억제제를 복용하는 것이었습니다.”

두 번째 건강비결은 섭식이었다. 그는 채소도 데쳐서 물에 담갔다가 먹고, 고기는 일주일에 한 번만 먹는다고 했다. 신장에 안 좋다는 과일은 피하고, 그나마도 소량만 먹는다. 섭식에 중요한 것 중 하나가 바로 물이다. 그렇기에 그는 물도 좋은 생수만 골라 마신다고 했다.

"당시 수술 날짜가 막내 수능일이어서, 일주일을 연기하기도 했는데요. 성공적으로 이식 수술을 받은 다음 평범한 사람보다 더 건강하게 살고 있습니다."

그는 이식 수술 이후 6년 동안의 공부 끝에 사회복지사의 꿈도 이루었다. 투석 받는 생활을 할 때에는 누워서 울며 베갯잇을 적시는 밤이 많았지만, 수술로 새 생명을 받은 다음엔 네 아이 모두 잘 키우고 결혼까지 시켰으며 지금은 손자가 일곱 명이나 된다고 자랑했다.

끝으로 환우들의 행복을 위해, 자신처럼 이식 후 건강한 삶을 영위하는 사람들에 대한 홍보를 많이 해서 추후 이식인들에게 도움을 주어야 한다고 강조했다.

"몇 년 전에, 제가 다니는 헬스클럽 관장에게서 이야기를 전해 듣고 어떤 학생에게 이식 수술을 권한 적이 있습니다. 물론 그 아이의 가족을 만났지요. 당시 초등학생이었는데, 6년째 투석을 이어오고 있다 들었습니다. 더는 투석이 불가능한 상태였어요. 이식 밖에는 방법이 없었고, 저와 제 남편이 설득을 했는데 공여자인 그 학생의 아버지가 선뜻 결정을 내리지 못하는 겁니다. 나중에는 우리를 피해 다닐 정도였다니까요. 어찌어찌 결국 입원까지 했는데, 다음 날 새벽에 그 아버지가 도망을 갔다고 합니다. 가족들이 놀라서 찾다 보니, 집에 가서 혼자 코를 골며 자고 있더래요. 내가 죽을 것 같고 무서워서 못 주겠다면서. 세상에 어떻게 그럴 수가 있답니까? 결국 아이는 하늘로 떠났고, 가족들도 다른 곳으로 이사를 가버렸습니다. 우리 같은 환우들이 정확한 정보를 알려서, 모두가 행복해질 수 있는 방법을 찾아줘야 해요. 더는 그런 비극이 일어나서는 안 됩니다."

마이크를 내려놓을 때는 처음과 달리 사뭇 비장한 표정이었다.

모두가 한 목소리로 증언했듯 만성 신부전증 환자나 인슐린을 사용하는 당뇨병을 근본적으로 치료하는 길은 오직 하나, 이식뿐이다. 특히 제1형 당뇨병의 경우 인슐린 호르몬이 분비되지 못하면 신장이 망가지고 투석에도 한계가 있으므로, 외롭고 고통스러운 투병에서 벗어나는 방법이 췌장이식인데 아직까지 그에 대한 인식이 보편화되지 않고 있는 현실이 안타까울 따름이다. 그러므로 남○○씨가 들려준 이야기는 우리 사회의 이식에 대한 인식이 달라져야 하고, 그렇게 되도록 더욱 노력해야 함을 새삼 깨닫게 해주는 사례였다.

김영훈 선생의 폐회사를 끝으로 행사가 마무리되었다. 환우들과 함께 더 깊은 이야기를 나누기 위해 우리는 옆 전시실로 장소를 옮겼다. 어깨를 나란히 하고 걸음을 옮기자니 문득 하나의 얼굴이 눈앞에 어른거린다. 어쩌면 지금의 나, 우리의 여기를 있게 한 사람. 이런 날이면 으레 떠오르는, 잊을 수 없는 사건의 주인공이다.

환자들의 건강한 얼굴을 마주하는 일은 내게 언제나 보람이고 기쁨이다. 환우들과 어깨를 나란히 하고 걸음을 옮기자니 문득 하나의 얼굴이 눈앞에 어른거린다. 어쩌면 지금의 나, 우리의 여기를 있게 한 사람. 이런 날이면 으레 떠오르는, 잊을 수 없는 사건의 주인공이다.

# 2
# 절망과 희망의 파노라마

## 희망을 이식하고 암초에 부딪치다

어떤 사안에 대한 세상 사람들의 인식이 바뀌려면 적지 않은 시간이 흘러야 하는 경우가 많다. 어떤 방식으로든 비용을 지불하고 나서야 비로소 변화하는 것이다. 장기이식에 대한 사회적 인식도 이런 일반적 원칙에서 벗어나지 않는다. 어쩌면 '인간의 신체' 라는 인권적 개념에 한국의 유교적인 가치관까지 개입되어 다른 분야보다 인식의 전환이 오히려 더딘 건 아닌가 싶을 때도 있다. 과거에 비해 요즘은 장기기증에 대한 세간의 인식 수준이 크게 바뀌고 있는 추세여서 한편으론 마음이 놓이기도 한다. 이러한 문제에 내가 민감한 이유는 과거에 겪은 사건의 영향이 클 것이다.

그러니까 1990년 3월, 봄의 초입이었다. 개나리, 진달래가 화사하게 피어날 시기에 나는 가슴이 서늘해지는 한 통의 전화를 받았다.

"한덕종 교수님입니까?"

수화기 너머 목소리는 냉랭했다. 자신을 동부지청 검사라고 소개한 그는 며칠 전의 신문기사 내용을 언급하며 내게 지정일 출두를 요청했다.

어느 정도 예상은 하고 있었지만 막상 그런 일이 닥치고 보니 불안감이 엄습했다. 당시 나의 친한 고교 동창인 주성민 변호사는 "별 것 아닐

거다. 소신껏 이야기하고 오라." 며 조언해 주었다. 당연한 일이었다. 살인죄 기소라니! 말도 안 됐다. 억울한 감정에 앞서 무척 속이 상했다. 진실은 법정에서 밝혀지겠지만 뇌사자 장기이식에 대한 인식이 아직도 바뀌지 않고 있는 현실이 너무 안타까웠다.

그해 1월에 나는 제주도에서 올라온 김○○씨에게 뇌사자의 신장을 이식하는 수술을 했다. 임신중독으로 인한 당뇨 합병증 때문에 수년 째 혈관 투석으로 삶을 연명해왔던 그는 이식에 대한 의지가 매우 강한 환자였다. 절망의 잿더미 속에서 희망의 불씨를 찾아야 했다. 다행히 소중한 인연이 닿았다. 새벽 근무 중 빙판길에 오토바이가 미끄러지는 바람에 사고사를 당한 방범대원이 김○○씨에게 따뜻한 불씨를 선사하고 떠난 것이다.

그러나 성공적인 수술 뒤에 찾아온 시련은 몹시 가혹했다.

당시엔 뇌사자 장기이식법이 제대로 마련돼 있지 않은 상태여서, 일반인들의 인식 또한 좋지 않은 편이었다.

1990년 2월 28일자 〈한국일보〉에 그에 대한 기사가 났다. 이어 검찰 수사가 시작되어 나는 졸지에 피의자 신세가 되고 말았다. 나로서는 불안하고 속상한 고초를 겪은 셈이었으나, 한편으로 뇌사자의 장기기증에 대한 사회적인 논의를 보다 활발하게 이끌어낸 촉매제 역할을 하기도 했다.

**1990년은 아직 '뇌사자' 에 대한 사회의 인식도 '뇌사법' 도 생기기 전이었다. 정확한 개념을 잡지 못한 사회 각층에서 의견이 분분했다. 결국 한 교수는 검찰에 불려가 조사를 받았다. 여론은 들끓었다. 당시 보건사회부는 엄연히 살아있는 사람의 장기를 적출한 살인 행위라는 입장이었고**

**의료계는 회복이 불가능한 뇌사자의 장기를 통해 질병으로 고통받고 있는 사람들의 생명을 구해야 한다고 주장했다.**

– 〈우리 생애 최고의 반전 / 한덕종〉, 『명의 : 심장에 남는 사람』,
EBS 명의 제작팀 엮음, 달, 2008. 173쪽.

당시 내가 받은 혐의보다 나를 더 힘들고 참을 수 없게 만든 건 의사라는 본분과 명예를 실추시키는 세상의 터무니없는 곡해였다.

"장기이식의 의도가 돈 아니었습니까?"

검사는 내게 손가락질까지 하며 물었다. 그는 내가 매매의 의도를 갖고 이식 수술을 감행했다는 식으로 몰아가고 있었다. 내내 서서 취조를 받던 나는 다리가 휘청거리고 눈앞이 캄캄해졌다. 자신은 뇌사자 장기이식 절차에 대해 잘 모르니, 공부하는 심정으로 이야기를 듣겠다던 최초의 말투는 어느 순간 싹 달라져 있었다.

사정을 알게 된 이식인 김○○씨는 몹시 분개했다. 투석에서 벗어나 새 삶을 시작한 그는 아직 회복이 덜 된 상태에서 구명운동을 시작했다. 제주도와 서울을 비행기로 오가며, 신문사를 항의 방문하고, 잡지사 인터뷰를 자청하고, 법원과 검찰청을 드나들며 진정서를 냈다. 나의 완곡한 만류에도 아랑곳하지 않았다.

끝이 보이지 않던 길에 환한 불빛이 비쳐든 건 그로부터 석 달이 지나고서였다.

"혐의 없음."

의학계는 물론 개인적인 삶에도 치명적 사건이 될 수 있었던 일은 그렇

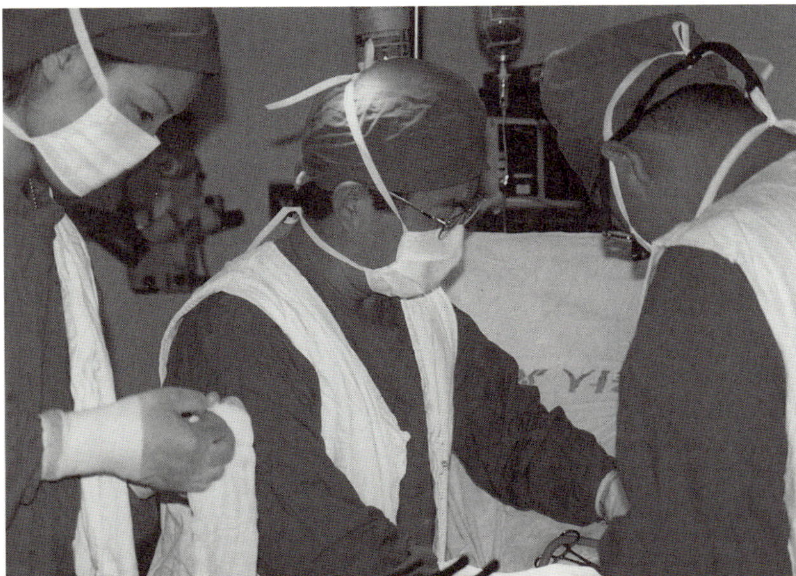

1990년 1월, 제주도에서 올라온 김○○씨에게 뇌사자의 신장을 이식하는 수술을 했다. 임신중독으로 인한 당뇨 합병증 때문에 수년 째 혈관 투석으로 삶을 연명해왔던 그는 이식에 대한 의지가 매우 강한 환자였다. 절망의 잿더미 속에서 희망의 불씨를 찾아야 했다.

게 해결되었다. 당시 나의 근무지는 강동성심병원이었다. 아내는 출근하는 나의 뒤를 매일같이 따라와 진료실 밖을 지켰다. 혹시 모를 구속, 그 지난한 길을 배웅해야 한다는 마음 하나로 그랬다고 한다.

실제로 2009년에 아산병원에서 환자 간 장기 매매 사건이 발생하기도 했다. 주민등록증까지 위조하며 매매에 성공한 당사자들은 이후 범죄 행위를 무용담처럼 떠벌리고 다녔다. 당연히 소문은 퍼졌고, 나뿐만 아니라 간 이식을 담당했던 의사까지 서울경찰청 특수부로 불려 다니며 조사를 받아야 했다. 그러나 그런 일(장기 매매)은 의사로서 알 도리가 없다. 다행히 수사관도 그런 정황을 이해하고 있기에, 1990년의 봄처럼 수모를 겪지는 않을 수 있었다.

질병으로 고통 받는 환자에게 회복 불가능한 뇌사자나 기증자의 장기를 이식해 새 삶을 살도록 하는 것은 어둠을 빛으로 승화시키는 일이다. 의사인 나는 앞으로도 더욱 많은 환자들이 질병의 어둠에서 벗어나 새로운 삶의 빛을 찾을 수 있기를 간절히 염원할 뿐이다.

## 국내 최초 생체 신장·췌장 동시 이식 성공

언제나 '처음' 은 저마다의 가슴 속에 각별한 기억으로 새겨질 것이다. 연인과의 첫 데이트, 겨울의 첫 눈, 봄꽃의 첫 봉오리, 농부의 첫 수확, 작가의 첫 책 출간, 가수의 첫 번째 데뷔 앨범…. 의사에게는 첫 수술이 당연하겠지만 나에게 각별한 '처음' 은 국내 최초 생체 신·췌장 동시 이식 성공 사례로 새겨진 박○○씨의 수술이다.

2006년 초여름, 수개월째 복막 투석을 받고 있던 환자가 연인의 손을 꼭 붙잡고 진료실을 찾았다. 당시 그녀는 당뇨 수치가 정상인의 70~120 mg/dℓ 보다 약 일곱 배나 높은 680mg/dℓ까지 치솟을 정도여서, 더는 삶을 지탱하기가 어려운 위기에 처해 있었다. 췌장 기능 저하로 인한 당뇨 합병증으로 신장이 망가질 대로 망가진 상태였다. 어릴 때부터 앓아온 소아당뇨병 때문에 신장 기능은 악화되었고, 점점 온몸이 붓고 어지럼증이 심해졌으며, 혈관에 쌓인 피떡(혈전) 때문에 두 번의 심장 수술까지 받은 전력이 있었다. 그런 그녀에게, 남자친구가 자신의 장기를 떼어 주겠다고 나선 것이다. 4년 전 커피숍의 손님으로 다가와 적극적인 구애로 마침내 사랑의 꽃을 피웠다며 그들은 쑥스러운 미소를 지었다.

"당뇨병 투병과 신장 투석으로 고생하는 애인의 모습을 그냥 두고 볼 수만은 없습니다."

부드러운 인상과 달리 그의 눈빛은 결연했다.

그때껏 뇌사자가 아닌 살아있는 기증자로부터 신장과 췌장을 받아 동시 이식한 경우는 우리 병원뿐 아니라 국내에서도 전무한 상황이었다.

다행히 진단 결과 두 사람의 조직 적합도는 우수했다. 그렇게 하여 우리 팀은 〈생체 공여 신·췌장 동시 이식 수술〉이라는 사상 첫 사례를 성공적으로 이뤄냈다. 장장 열두 시간에 걸친 대수술이었다. 애인의 기증으로, 박○○씨의 죽어가는 신장을 되살렸고, 이식받은 췌장으로부터 인슐린 분비가 활성화되어 당뇨병을 완치할 수 있게 되었다. 고통스러운 투석에서 벗어남은 물론 인슐린을 끊고도 혈당이 100mg/dℓ대 초반을 유지할 수 있게 된 것이다.

뜨거웠던 여름, 사랑하는 사람의 신장 한 개와 췌장 일부가 연인의 몸속에 새 생명의 불꽃을 일으켰고, 이식으로 하나가 된 두 사람은 그해 겨울 웨딩마치를 올렸다. 또한 이들의 이야기는 언론 보도와 각종 매체를 통해 사람들에게 전해지며 감동과 화제를 불러 모았고, 모 대기업의 광고로 제작되기도 했다.

살아있는 기증자 한 명에게서 신장과 췌장을 받아 동시 이식에 성공한 첫 수술, 그날의 기억은 내 가슴 속에도 영영 잊을 수 없는 '처음' 으로 아로새겨져 있다.

# 3

# 9부 능선을 넘어

## 국내 최초 뇌사자 신장·췌장 동시 이식 성공

생체 동시 이식을 회고하다 보니, 그에 훨씬 앞섰던 한 사람, 신○○씨를 떠올리지 않을 수 없다. 그는 1992년 7월에 국내 최초로 뇌사자의 신장과 췌장을 동시에 이식받은 환자였다.

당시 30대 초반의 나이에 그는 제1형 당뇨(췌장 기능 저하에 의해 인슐린 분비가 되지 않는 당뇨) 후유증으로 신부전증을 앓고 있었다. 인슐린 주사와 투석 치료를 동시에 받았지만 시력을 거의 잃어 빛과 어둠만 간신히 구분할 수 있는 상태였다. 국내 최초로 뇌사자 신·췌장 동시 이식 수술을 앞두고, 모두의 만류 속에서 나의 손을 힘차게 잡아 올려준 이는 다름 아닌 환자 본인이었다.

'처음' 이라는 단어는 설렘이라는 감정과 동시에 불안 또한 함의하고 있는 법이다. 나는 신○○씨에게 수술의 위험성과 혹시 모를 부작용과 합병증, 더 나아가 최악의 경우까지 설명하지 않을 수 없었다. 내 말을 하나하나 귀담아 들은 그가 말했다.

"선생님, 제가 모르모트가 되어도 좋고, 살아서 수술실을 나오지 못해도 좋습니다. 선생님을 믿으니 수술해 주세요."

다행히 수술은 잘 끝났다. 고통스러운 당뇨 후유증에서 벗어날 수 있을 거란 희망에, 마취에서 깨어난 신○○씨의 얼굴은 맑고 밝았다.

모두의 안도와 기쁨도 잠시, 그로부터 이삼일 쯤 지났을까. 미처 예상치 못한 문제가 일어나고 있었다. 초음파 혈류 체크 결과를 보니 정맥의 50% 정도에서 혈전이 발견된 것이었다. 그날은 당시 외과 과장 등을 포함해 각 과의 스탭들이 모여 수술 성공을 축하하기 위해 저녁 식사 자리를 마련한 날이었다. 모두 내게 잔을 권했지만 나는 웃을 수 없었다. 걱정스러운 내 표정을 의아해하는 동료들에게 나는 사실을 털어놓았다. 그리고 다시 병원으로 돌아왔다. 밤 열한 시 무렵, 췌장이식의 선구자이자 나의 췌장이식수련의 지도교수였던 미국 미네소타 대학의 서덜랜드 교수에게 전화를 걸어 자초지종을 설명하고 조언을 구했다. 그는 몇 마디를 묻고 체크하더니 이렇게 말했다.

"그냥 지켜보세요. 별 문제는 없을 겁니다. 더구나 혈전 제거 수술은 만만치 않잖아요."

이틀 뒤 다시 초음파로 혈류 검사를 했을 때 혈전은 70%로 증가해 있었다. 더 지켜보고 말고가 필요 없는 상황이었다. 황급히 수술실로 향하는데, 복도에서 플래시가 터졌다. 〈국내 최초 뇌사자 신·췌장 동시 이식 성공〉을 두고 기자들이 축하 인터뷰를 하겠다며 몰려온 것이었다. 나는 거의 울상이 되어 인터뷰에 응하면서도 마음은 저 깊은 수술실로 뜀박질하고 있었다.

예상과 달리 신○○씨의 췌장은 멀쩡했다. 나는 즉시 무릎을 치며 깨달았다. 수술할 때 묶어둔 혈관들이 겹쳐서, 초음파 검사 시 혈전처럼 보

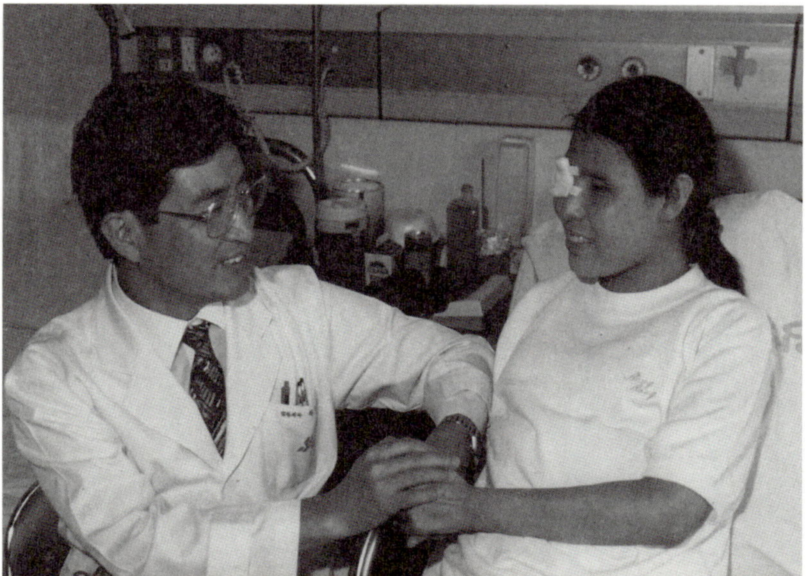

국내 최초로 뇌사자 신·췌장 동시 이식 수술을 앞두고, 모두의 만류 속에서 나의 손을 힘차게 잡아 올려준 이는 다름 아닌 환자 본인이었다.
"선생님, 제가 모르모트가 되어도 좋고, 살아서 수술실을 나오지 못해도 좋습니다. 선생님을 믿으니 수술해 주세요."

였던 것이었다. 방사선과 의사를 불러, 수술실에서 초음파 검사를 다시 해 보았다. 역시 내 생각이 맞았다. 천만다행인 그 상황을 무사히 지나고 나니 뒤늦게 아쉬움이 밀려들었다. 아, 아까 인터뷰 때 억지로라도 환하게 웃어 보일 걸….

이후 미국 학회 때 만난 서덜랜드 교수에게 나는 그날의 벅찬 기분을 회상하며 이야기했다.

"선생님 말이 옳았어요. 정말 별 문제 아니었어요."

"그것 봐요. 당신의 첫 수술, 나는 믿었어요. 어찌 되었건 팀워크가 중요해요. 팀을 잘 꾸려가야 합니다."

## '줄탁동시'의 마음과 실패의 아픔들

모든 도전에는 성공과 실패의 확률이 반반으로 나뉜다. 이식 수술에서도 그 법칙은 동등하게 적용된다. 이식 수술과 당뇨병 완치의 성공 여부는 수술실에서만 결정되는 것이 아니다. 그것은 의료진과 환자의 철저한 합작으로 이루어진다. 그런 면에서 이식 수술과 당뇨병 완치의 성공 여부는 어미 닭과 병아리가 안과 바깥에서 동시에 쪼아 알을 깨뜨린다는 사자성어 '줄탁동시(啐啄同時)' 를 떠올리게도 한다. 환자가 질병의 고통이라는 알을 깨고 나와 새로운 삶을 살기 위해서는, 의사가 어미닭처럼 바깥에서 껍질을 깨뜨리는 것만큼이나 환자 스스로도 안에서 부단한 노력을 계속해야 한다는 것을. 항상 긍정적인 마음을 갖고 면역억제제 복용과 운동 등을 게을리 하지 않으며 건강을 위해 노력해야 한다.

그럼에도 수술 직후 안도의 웃음이 무색할 만큼 안타까운 결과로 이어진 아픔들은 잊을 수가 없다.

10대 소녀 이○○씨의 경우가 제일 먼저 떠오른다. 환자의 사후 관리에 있어 문제가 많았기에 무척 아쉬운 기억으로 남아 있다.

중학교 3학년이 되던 해 췌장이식 수술을 받은 이 학생은 면역억제제의 부작용 중 하나인 여드름 때문에 고민이 많았다. 그리하여, 의사와 상의 없이 자발적으로 약 복용을 중단했다. 곧바로 거부반응이 발생하면서 췌장은 다시 망가지고 말았다. 앞서 환자들의 경험담에서도 언급되었듯이 '투석의 경험' 이 없어서였을까. 당뇨병 합병증이 얼마나 무섭고 고통스러운지를 알았다면, 그 경각심으로 약 복용을 임의대로 끊어버리는 일은 없지 않았을까 생각된다. 합병증 경험이 없는 이들은 투약의 게으름을 대수롭지 않게 여기고, 거부 반응으로 인해 장기가 망가지는 수순을 겪을 수밖에 없다. 이 소녀는 현재 인슐린을 투약 중이다.

비슷하지만 다소 운이 좋은 사례도 있다. 과거 유명한 축구선수였고 현재 코치로 활발히 뛰고 있는 차○○씨에게는 안도의 한숨과 함께 이제라도 힘내라고 응원을 보내야 할지 따끔한 충고를 주어야 할지 선뜻 판단하기 어려운 측면이 있다.

그 또한 투약을 게을리 했던 이유로 이식받은 신장이 망가지는 불운을 겪었다. 처음에는 아버지에게서, 이후 삼촌들에게서 각각 세 차례나 신장을 받고도 투약 시간을 제대로 지키지 않았기에 모두 다 쓸모없게 되어버리고 말았다. 현재 그는 자발적인 투석 생활을 하고 있다. 스스로 정신을 차려야겠다는 의지로 고난의 길을 체험하기로 결심한 것이다. 최근 재이식 수술 의사를 밝혀왔는데, 또 다른 삼촌이 기증자로 나섰다고 한다. 한 번도 어려운 이식 수술을 세 차례나 받고도 또 한 차례 기증을 약속받은 그가 이제라도 진지하게 투약과 관리에 만전을 다하길 바랄 뿐이다.

강원도에 사는 황○○씨는 수술 이후 3~4년이 지난 뒤 어느 날 췌장이 망가진 것을 알게 되었다. 조직검사 끝에 그 이유가 거부 반응 때문이라는 것을 밝혀냈다. 면역억제제 복용을 꾸준히 해오고 있던 와중이라 환자도 의료진도 당혹스러웠다. 조직 여섯 개가 일치하는 사람을 찾아 재수술에 들어갔다. 그런데 채 1년도 지나지 않아 같은 증상이 나타났다. 췌장도세포에 자가 면역 항체가 생성된 것이 이유였다. 현재로서 그에게는 몇 번의 이식을 반복해도 같은 결과가 나올 가능성이 크기에, 추후 더 새로운 약제가 개발되기를 기다리고 있다.

이처럼 운이 나쁜 경우는 배○○씨에게도 비슷한 과정으로 나타났다. 췌장이식 수술을 받고 1년쯤 지나, 어쩐 일인지 혈당이 30~40㎎/㎗으로 떨어졌다. 저혈당이 온 것이다. 이를 극복하기 위해 꿀과 사탕을 항시 복용하였다지만 그것마저 소용없었다. 어떤 문제가 생겼던 것일까. 이식한 췌장의 절반을 들어내어 검사해 보니, 도세포의 증식이 관찰되었다. 인슐린을 만들어내는 기능이 항진되었던 것이다. 환자에게 외출은 꿈도 꿀 수 없는 일이 되고 말았다. 남은 췌장을 덜어내는 수술을 했고 결국 10% 정도만 남기고 거의 떼어내 보았지만, 한두 달 후 또다시 저혈당이 재발했다. 췌장 도세포 증식증에 따른 기능 항진증이었다. 결국에는 이식받은 췌장 전체를 떼어내고 다시 새로운 췌장을 이식하였더니 이후부터는 혈당 수치가 정상적으로 회복되었다. 다행히도 현재는 직장생활을 하며 건강한 생활을 영위 중이다.

4
# 기적은 만들어진다

많은 이들이 말한다. 장기이식은 나눔의 기적이라고. 그러한 기적이 이루어지기까지는 수많은 실험과 도전의 역사가 존재한다. 어떠한 기적도 저절로 일어나지는 않는다. 나눔의 기적이든 동행의 기적이든 놀라운 기적이 일어나기까지에는 크든 작든 시련과 실패와 좌절의 순간이 있게 마련이다. 이 좌절과 실패를 디딤돌 삼아 다시 일어선 도전의 과정에서 기적은 만들어진다. 내게는 특히 미네소타 대학 연수 시절이 오늘의 성과들을 이룰 수 있게 해준 디딤돌이었다.

1986년부터 1987년까지, 일 년 반 정도를 머무는 동안 나에게 불굴의 의지와 자신감을 심어준 것은 다름 아닌 '쥐' 였다.

작은 실험실에서 그 쥐와 함께 분투하며 지내는 동안 나는 많은 것을 깨달을 수 있었다. 젊은 의사의 자존심과 패기는 겸손함과 신중함을 기본 바탕으로 갖춰야만 비로소 결실을 맺을 수 있다는 것을 알게 되었다.

미국 샌디에이고 스크립스 병원 선 리 교수의 추천으로 서덜랜드 교수가 있는 미네소타로 가기 전 내가 받은 미션은 '생쥐에 대한 심장이식 수술 실험' 이었다. 현미경을 통해 쥐의 심장을 옮기고, 머리카락보다 가는 실로 봉합을 하는 과정은 몹시 어렵고도 지난했다. 그럼에도 반드시 성공해야 할 일이었다.

처음에 나는 실험 대상을 300~400그램 무게의 '쥐(rat)' 라고 생각했다. 그러다 서덜랜드 교수의 메일을 다시 꼼꼼히 살펴보고 나서야 20~30그램에 불과한 '생쥐(mouse)' 임을 깨달았다. 이 연약한 생명체는 숨이 짧아서, 실험 도중이나 성공 후에 자꾸 생명줄을 놓곤 했다. 힘차게 뛰는 심장 박동을 확인하고 안도의 숨을 내쉬기가 무섭게 저 세상으로 가버리는 것이었다. 불안한 마음에 선 리 교수를 먼저 찾아갔다. 그곳에서 일주일을 머무르며 실험을 거듭했지만 마찬가지였다. 이후 미네소타에 도착해서도 두 달여간 실패 끝에야 간신히 성공을 거둘 수 있었다.

장기이식의 면역 반응에 관한 연구를 위해 실험군을 만들어야 했으므로, 한 번의 실험에는 보통 일고여덟 마리 정도의 쥐가 필요했다. 때문에 어느 날엔가는 오전 11시부터 새벽 1시가 넘을 때까지 실험에 매달린 적도 있었다. 그런 날은 열 마리를 차례로 현미경 위에 올렸다. 대략 55분당 한 마리씩을 교체했던 셈이다. 실험 뒤에는 매일매일 거부반응을 체크하였다. 이식 받은 심장이 잘 살아있는 쥐를 보면 그렇게 고맙고 든든할 수가 없었다.

매일 매일을 쥐와 씨름하던 어느 일요일 새벽이었다. 여느 때와 같이 고된 실험을 마치고 숙소로 돌아가기 위해 밖으로 나왔는데, 그날따라 왠지 으슬으슬 한기가 돌고 머리카락이 주뼛거렸다. 이슥고 어두운 복도 저편에서 이상한 소리가 들려왔다. 점점 다가오는 발소리는 사람의 것이 아닌 듯했다. 나는 창가 쪽으로 몸을 바짝 붙이고 걸었다. 희미한 달빛이 비쳐들고 있었다. 얼마쯤 지났을까. 마침내 그것의 정체가 희미하게 드러났다. 내 허벅지 가까이에서 으르렁거리고 있는 검은 생명체들. 그것은 목줄을 늘어트린 도사견 두 마리였다. 얼어붙은 발을 어쩌지 못하고 서 있는데, 잠시 뒤 사람 목소리가 들려왔다. 평소 두어 번 인사를 나눴던 관리소장이었다. 그녀는 실험동물들의 뒤처리를 위해 출근하는 길에 자신의 애완견들을 데리고 왔다면서, 놀라게 해서 미안하다며 연신 미소를 지었다.

그동안 나의 실험대에 올랐던 동물은 어림잡아 이천 마리쯤 된다. 그들의 희생이 있었기에 좌절을 딛고 내 실험이 성공할 수 있었다. 이 자리를 빌려 그들에게 고맙다는 인사를 다시 보낸다.

그러고 보니 어렴풋이, 미네소타에서 나를 시험대에 올렸던 한 사람의 얼굴이 떠오른다.

면역학 스터디 때 만난 스탭이었는데 이름이 '셸리' 였던 것으로 기억한다. 간 이식 연구원인 그녀는 타이완 출신 여성이었다. 나는 같은 동양인으로서 서로 도움을 주고받으며 잘 지낼 수 있으리라 생각했었다. 스터디 때 우리는 연구를 함께 할 것을 약속했고, 한두 달 쯤 지난 뒤 실험실에서 만났다. 고도의 집중력을 요하는 실험 시간에, 그러나 어찌된 일인지 그녀는 사소한 일에도 지나치게 짜증을 냈다. 그런 상태로 종일 지내다 보니 내 인내심에도 슬슬 한계가 오고 있었다. 치밀어 오르는 화를 애써 참으며 실험에만 집중했다.

마무리를 하고 실험실을 빠져나오는데, 그녀가 멋쩍은 표정으로 그 이유를 털어놓았다.

"사실 오늘은 사랑스런 내 딸의 유치원 졸업식 날인데, 파티에 참석하지 못하는 엄마로서 마음이 너무 복잡하고 안 좋았어요."

그제야 분한 마음이 가시면서, 그녀에게 맞서서 화내지 않기를 잘했다는 생각이 들었다.

이후 미네소타에서의 일정을 모두 마치고 귀국하기 전 파티를 열었다. 연구원들은 물론 피터 스톡 교수까지 함께 참석한 뜻 깊은 자리였다. 저녁 식사 이후엔 볼링 게임까지 하며 즐거운 시간을 보냈다. 그날 셀리는 시종 쾌활하고 부드러운 표정이었다. 그녀는 당시의 일을 회상하며 미안하다고 거듭 사과했다.

"내가 한국사람 성격을 아는데, 당신도 참 잘 참더라. 그땐 정말 미안하고 고마웠어요."

그때만 해도 서양에서의 동양인 차별은 일반적인 풍토였다. 씁쓸한 이야기지만, 국내 교수들이 미국 유수의 대학에 가서 종종 겪었던 일이 가끔 회자되곤 했다.

이를테면 수술실에 함께 들어가려고 할 때, 미국 의사들이 농담처럼 비아냥대는 것이다.

"수술실이 붐비니, 그냥 밖에서 비디오 영상으로 보세요."

우리 입장에서는 시간과 경비를 애써 마련하여 선진국 의술을 어깨 너머에서라도 배우고자 간 것인데 그들의 푸대접에 수치심과 자괴감만 느끼고 돌아오는 경우가 있곤 하였다.

한국의 위상이 올라가고 '세계는 하나, 서로가 이웃' 이라는 의식이 일반화되면서 지금은 그런 일이 없겠지만 이제 우리도 거꾸로 생각해 봐야 할 때이다. 우리는 지금 어떠한지를. 중국과 베트남을 비롯한 동남아시아 국가에서 연구와 배움을 목표로 한국을 방문하는 의사들과 어떤 웃음과 우정을 나누고 있는지를.

5

# 내 삶의 터전, 수술실

나는 외과의사로 사십여 년을 살아왔다. 그러므로 내 삶의 가장 중요한 터전은 수술실이다. 그곳에 들기 전 나는 늘 새로 태어난다. 수술대 위의 환자를 만나기 위해, 마치 경건한 의식을 치르듯 몸과 마음을 정결히 가다듬는다. 내 손길에 모든 것을 의탁한 하나의 생명이, 새 삶을 기다리고 있다.

수술복으로 갈아입고서 모자와 마스크를 착용한다. 가장 중요한 건 손. 손을 깨끗이 씻고 소독하고, 전신을 감싸는 수술복을 입고, 수술용 장갑을 낀다.

양압 시설이 완비된 수술실로 들어선다. 청결 유지를 위해 이곳은 외부 공기를 완전히 차단한다. 이식 수술을 하는 곳에서 다른 수술은 허락되지 않는다. 예를 들어 염증 환자는 못 들어온다. 복막염이라든지, 그밖에 고름 등을 제거해야 하는 수술은 절대 금지된 방이다. 너무 추워도 안 되고 너무 더워도 안 된다.

펠로우 선생들이 사전준비를 마친 환자의 침상 곁에 선다. 가끔은 직접 개복을 할 경우도 있다. 생체 이식의 경우 건넌방에서 신장을 적출하면 — 이 또한 직접 수행하기도 한다 — 그것을 받아 환자의 몸에 옮겨 넣는다. 뇌사자 이식의 경우 외부 병원에서 우리 팀원들이 직접 적출해온 것을 받는다. 혈관을 재건하고 요도나 췌장관을 이어주는 작업은 나의 손끝에서 이루어진다. 문합술을 할 때엔 동맥과 정맥을 이어주고 췌장관을 방광이나 소장에 연결하여 췌장관 재건을 시행한다. 동시 이식의 경우 신장을 먼저 붙이고, 다음으로 췌장을 연결한다.

이 모든 과정을 통상 아홉 명 내외의 의료진이 함께 수행한다. 든든하게 내 곁을 둘러싼 외과의들과 장비를 소독하고 전달해주는 간호사들, 환자의 머리맡을 파수꾼처럼 지키고 서 있는 마취과 의사, 그리고 외부를 드나들며 장비 조달 등의 보조 업무를 맡은 간호사들.

수술 중 식사는 당연히 건너뛰고 목이 말라도 참는다. 잠시 손을 바꿀 수 있는 기회가 생기면 물을 마시는데, 그럴 때마다 다시 손을 씻고 옷도 갈아입어야 하기에 대부분 그냥 참는 편이다. 긴장한 탓인지 습관이 되어 그런지 화장실 생각은 나지도 않는다. 외래 진료를 볼 때에도 대개 일곱 시간 정도는 몸 안에 무엇을 들이거나 몸 밖으로 내보내지 않는다.

아주 가끔은, 수술 중 팀 내 응급상황이 발생하기도 한다.

나는 전공의들에게, 본의 아니게 긴장을 많이 주는 의사로 불린다. 생명의 가장 위급한 순간을 다루는 외과의 특성 상 그럴 수밖에 없다고 생각하는데, 어쩌면 완벽을 추구하는 성격 때문일지도 모르겠다. 한 달씩 순환 근무를 하는 전공의(특히 4년차 전공의)들에게 2주 동안은 내 옆에서 보게만 하고, 남은 2주 동안은 바로 앞에서 제1의 조수가 되는 기회를 준다.

어느 때인가는 이런 일도 있었다. 신장이식 마무리 작업을 하던 중이었다. 적출된 신장을 대상으로 현미경을 통한 미세수술을 하고 있었는데

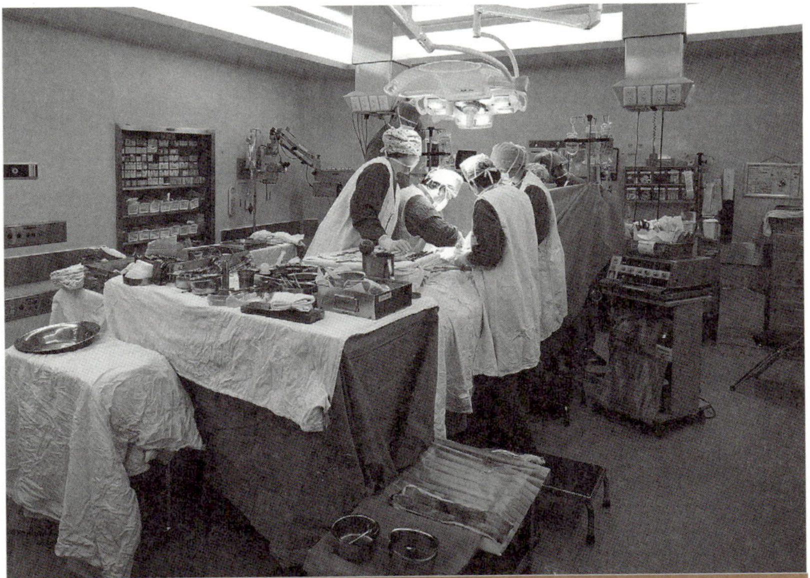

수술 중 식사는 당연히 건너뛰고 목이 말라도 참는다. 잠시 손을 바꿀 수 있는 기회가 생기면 물을 마시는데, 그럴 때마다 다시 손을 씻고 옷도 갈아입어야 하기에 대부분 그냥 참는 편이다. 긴장한 탓인지 습관이 되어 그런지 화장실 생각은 나지도 않는다.

가까이에서 거친 호흡소리가 들려왔다. 고개를 들어 보니, 앞에서 조수를 하고 있던 4년차 전공의가 숨을 몰아쉬며 괴로워하고 있는 것이었다.

"선생님, 선생님. 아… 저, 저, 저, 저…"

"나가, 나가서 쉬어. 쉬어."

너무 긴장한 나머지 일시적인 현기증을 호소한 그에게 지시했으나, 전공의는 곧바로 다시 들어왔다.

"쉬라니까. 괜찮아."

오후 수술에 참여하면 된다고 만류했지만 그는 이후에도 열심히 수술 조수로서의 역할을 해냈다.

나 또한 그런 때가 있었으리라. 외과의사로서의 성장을 위해 때론 꾸중 듣고 때론 칭찬도 받으며 스스로를 밀고 끌어가던 시절이. 생명에 대한 소명의식으로 수술실을 떠나지 못하는 젊은 마음은 어제의 '나' 였다. 같은 마음으로 환자와 동행할 전공의의 내일도 '나' 와 다르지는 않을 것이다. 아니, 더 나은 의사가 되어야 할 것이다.

# 6
# 나눔과 기적을 꿈꾸며 한 길을 걷는 사람들

다른 사람의 장기를 받는 일에 가장 큰 장벽은 거부반응이다. 이 때문에 평생 면역억제제를 복용해야 하지만 그나마도 이식 자체가 어려운 케이스가 종종 발생한다. 교차반응 검사에서 부적합 판정이 나와 미국에서조차 수술이 불가능하다는 통보를 받은 아부다비의 파티마도 그러한 경우였다.

여섯 살 무렵부터 앓아온 소아 당뇨의 부작용으로 혈액 투석까지 받고 있던 그녀는 이식 외에는 살아갈 방도가 보이지 않았다. 그렇지만 아부다비는 물론 미국의 의료진들조차도 고위험군에 해당하는 이 환자에게 어떠한 조치도 할 수 없었다.

고심 끝에 그들이 생각해 낸 마지막 희망은 서울아산병원이었다. 장기이식 수술에서 세계 최고의 성공률을 보이며 이식 거부반응 위험을 줄이는 탈감작 치료를 선도하고 있다는 점에서, 파티마를 살릴 수 있는 최상의 병원이라는 결론을 내린 것이다.

자국 내 치료가 어려운 환자에 대해 '환자 송출 협약'을 맺은 아부다비 정부는 서울아산병원에 파티마의 수술을 의뢰했고, 우리 팀은 그 제안을 받아들였다. 기증자는 남동생 칼리드 씨였다.

파티마를 만났을 때 나는 절반의 희망과 절반의 절망을 동시에 느꼈다. 오랜 투병과 투석으로 그녀의 몸은 이미 망가질 대로 망가진 상태였다. 그 해 1월 중순 경, 우리는 파티마의 몸에서 거부반응을 일으키는 요인을 줄이기 위해 혈장 교환술을 시행하고, 면역글로불린과 면역억제제를 주입하는 등 수술 전 탈감작 치료에 온 힘을 쏟아 부었다. 그리고 마침내 2012년 2월 1일, 수술을 성공적으로 마쳤고 빠른 회복세에 힘입어 그녀는 약 보름 만에 퇴원을 할 수 있게 되었다.

**"한국 의료 실력을 직접 체험한 만큼 고국에 돌아가면 한국 가전제품 외에 또 하나의 명품인 의료기술도 적극 추천할 생각입니다."**

**미국 병원에서 수술이 어렵다는 판정을 받았지만 지난 1일 서울아산병원에서 장기이식 수술을 받고 회복 중인 아랍에미리트 아부다비 출신의 파티마 알알리 씨(35)는 "한국에서 새로운 삶을 살 수 있는 생명을 얻었다" 며 이같이 말했다.**

**서울아산병원 장기이식센터 신장이식팀 한덕종 교수는 지난달 아부다비 정부에서 신장이식 수술을 의뢰받아 파티마에게 남동생 칼리드 알알리 씨(24) 신장을 성공적으로 이식했다고 7일 밝혔다.**

— 〈美서 수술 포기한 환자 아산병원서 신장이식〉, 2012.02.07. 매일경제 이병문 의료전문 기자

그녀에게 인생 제 2막을 선물할 수 있었던 건, 그동안의 경험을 바탕으로 다양한 처치를 통해 문제가 되는 항체를 제거하고 수술을 시행한 덕분이었다.

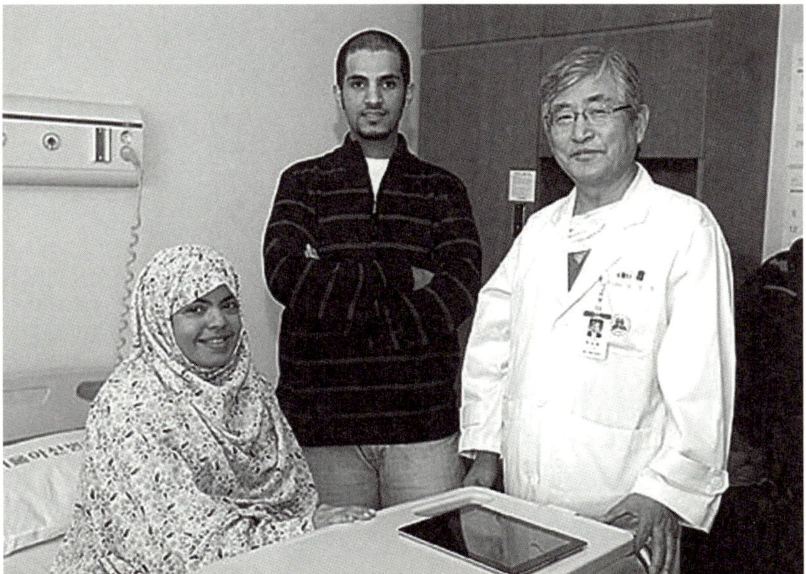

파티마를 만났을 때 나는 절반의 희망과 절반의 절망을 동시에 느꼈다. 오랜 투병과 투석으로 그녀의 몸은 이미 망가질 대로 망가진 상태였다. 그 해 1월 중순 경, 우리는 파티마의 몸에서 거부반응을 일으키는 요인을 줄이기 위해 혈장 교환술을 시행하고, 면역글로불린과 면역억제제를 주입하는 등 수술 전 탈감작 치료에 온 힘을 쏟아 부었다.

그때나 지금이나 나는 자신 있게 말할 수 있다. 고난이도의 수술력과 집중적인 환자 관리 시스템이 필수 요소인 '중증환자 치료 능력' 이 월등히 높은 한국의 의료 수준이 있기에 이를 믿고 찾아와 주는 해외 환자들에게 최상의 진료를 선보이겠노라고.

## 연령과 성별, 국적까지 초월한 동행의 길

이번 주말에도 나는 어김없이 검단산을 오른다. 가파른 경사에 점점 숨이 가빠지는 순간 눈앞에 드러난 경이로운 풍경들. 도도히 흐르는 물살과 늠름히 서있는 봉우리들. 산길 옆으로 늘어선 나무와 풀과 지저귀는 새들. 그것들을 마주하는 나의 새해 다짐에도 변한 것은 없다. 사십여 년 한길을 걸어온 외과 의사로서 환자에게 최선을 다하고, 그러기 위해 내 건강을 챙기는 것. 주말마다 일삼는 등산과 매일 새벽의 하나님 말씀 묵상이 나의 몸과 마음의 건강과 평안을 지켜 주길 바란다.

지난주엔 겨울비 치고는 많은 양의 비가 내렸다. 촉촉한 흙길을 걸으며 다시금 송○○ 환우회장의 결의를 떠올려 본다. 매일 아침, 자신에게 새 삶을 선물한 기증자를 떠올리고 그의 신장을 쓰다듬으며 감사의 뜻을 되새긴다는 감동적인 말.

지금까지 같은 길을 걸어온 이들을 떠올려 보면 연령과 성별은 물론 국적까지도 초월한 믿음과 사랑이 있었다. 함께 걸어온 우리의 이 길에 그토록 아름다운 선물이 살아 숨 쉬고 있다. 생명에서 생명으로의 나눔이 기적을 낳으며 계속 이어지고 있는 것이다. 동행은 끝나지 않을 것이다.

## 한덕종 교수님께 - 환자로부터의 편지

한덕종 교수님께

작년 5월에 교수님께 수술을 받고 어느덧 1년이 지났습니다.

1년이 지나는 동안 수없이 많은 순간에 고마운 사람들을 떠올리면… 육신적으로는 점점 더 쇠약해질 것이 틀림이 없는 제 미래를 생각하며 암담해 했던 저의 삶에 새로운 미래와 희망을 선물해 준 것 같아 너무너무 가슴이 벅차오르곤 합니다. 그 중 교수님께도 감사한 마음 빼놓을 수 없어 이렇게나마 감사한 마음 전합니다.

아침에 눈을 떠서 가뿐하게 하루를 시작할 때나, 식사 때마다 인슐린 맞느라 분주함을 떨지 않아도 될 때, 그리고 달콤 상큼한 음료 한잔 대접 받고는 고민 없이 감사히 한잔 다 비울 수 있었을 때, 가끔 제가 사랑하는 친구들과 다정히 아이스크림 먹을 때나, 한두 달에 한번 부산에서 서울 오가며 교수님 만나고 돌아갈 때, 그리고 좀 우습지만 한층 더 예뻐진 제 모습을 볼 때…

이것 말고도 수도 없이 감사하고 기쁜 순간이 많겠지만, 이런 사소한 일상조차도 제겐 얼마나 감사한지 모릅니다. 그리고 무엇보다 가장 감사한 것은 투석을 하지 않아도 되고 인슐린을 끊게 된 것, 이상의 제 인생의 더 먼 미래를 생각하고 꿈꾸게 된 것입니다.

제가 고3이었을 때 대입 시험 3개월 전 당뇨 판정을 받은 이후로 16년간 지내면서 마음의 고통(?) 말고는 큰 어려움 없이 주어진 삶에 최선을 다하며 즐겁게 지내왔습니다. 그렇게 단련이 된 것이겠지요.

늘 마음의 고통이었던 두려움인 합병증이 찾아와 저를 비롯한 온 가족이 절망에 빠져 있었을 때 교수님을 알게 되어, 더 획기적인 치료로 당뇨까지 해결될 수 있

## 한덕종 교수님께 - 환자로부터의 편지

다는 소식에 너무 기뻤던 기억이 납니다. 사실 투석을 하게 되면 모든 것이 끝난다고 생각했었는데, 신장뿐 아니라 췌장까지 이식 받을 수 있다는 놀라운 희망으로 이어지고 그것이 이렇게 현실로 다가와 건강한 삶을 살아가고 있는 지금의 제 모습이 때로는 믿기지가 않을 때도 있습니다. 모든 것이 끝이라고 생각했을 때 새로운 길이 열린다는 말... 정말 맞나 봅니다. 이 모든 격랑과 같은 시간을 겪으면서 얻게 된 만족스러운 깨달음이 아닌가 생각합니다.

교수님, 제게는 참으로 부끄러웠던 당뇨병이었습니다. 한창 꽃다운 20대를 살아갔던 저로서는 감당하기 싫었던 병이었기에 빨리 나이가 들어서 당뇨가 부끄럽지 않은 나이가 되었으면 좋겠다고 생각하기도 했습니다. 이제는 거짓말처럼 당뇨에서 벗어나게 되어 너무 감사하게 생각하고, 별로 걱정할 것이 없는 저희 부모님께 늘 아픈 손가락 같았던 제가 이렇게 건강하게 당뇨에서 벗어나게 된 것이 너무 신기하고 믿기지가 않으신다며 교수님께 늘 감사하다고 하십니다. 늘 환자들을 위해 애쓰시고 연구하시고 거의 거르지 않고 회진하시면서 환자들의 상태를 세심하게 점검하시는 열정에 진심으로 감사와 경의를 표합니다. 2010년 겨울, 췌장이식모임에 갔을 때 이식한지 10년 이상 된 3분께 꽃다발 증정하는 거 인상 깊게 보았습니다. 저도 그 꽃다발 한번 받아보고 싶습니다.

교수님, 늘 건강하시고 저 또한 교수님께 보람이 되고 기쁨이 될 수 있는 일이 앞으로도 더 많아지길 기대합니다. 교수님, 너무 감사해요.

2012. 7. 9. 부산에서 황○○ 드림

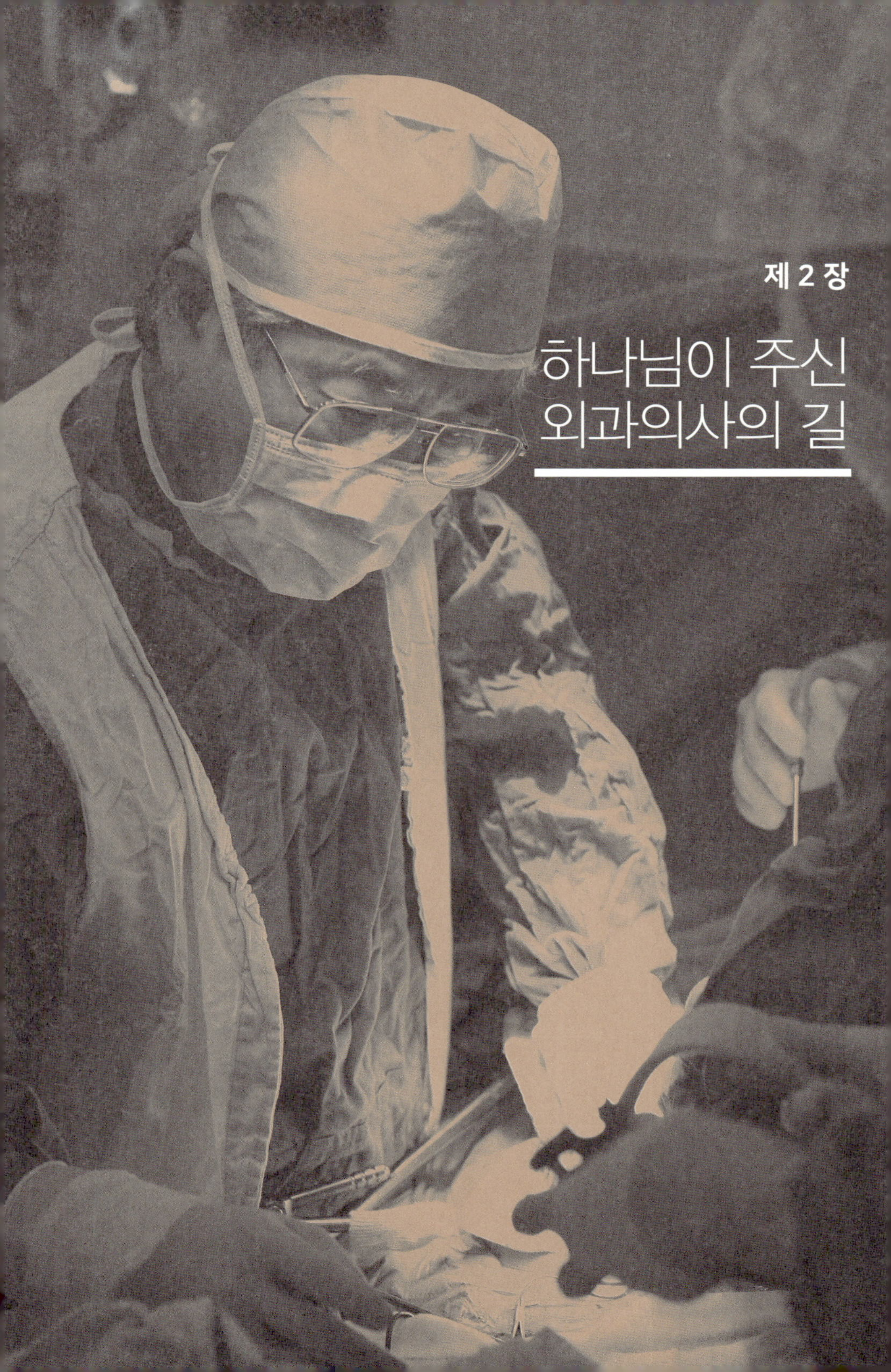

제 2 장

# 하나님이 주신 외과의사의 길

# 1
# 세상에 도움을 주는 사람이 되어라

## 최선(最善)을 다해 이룬 최선(最先)의 자리

어릴 적 아버지는 내게 말씀하셨다.

"너는 의사가 되어라."

해방 전 행정고시를 패스하고 공직생활을 이어온 아버지에게 의사라는 직업은 당신의 이루지 못한 꿈이기도 했다.

그 말씀이 아니었더라도 나는 의사가 되었을 것이다. 다른 미래를 생각해본 적은 없다. 바이올린 같은 악기를 연주하거나 파일럿이 되어 하늘을 나는 낭만적인 꿈을 꾼 적은 있었다. 그러나 그것들은 스쳐가는 미풍이었을 뿐 의사가 되고 싶은 장래희망만큼 확고하진 않았다.

흔히들 의사를 선망 받는 직업이라고 말한다. 대체로 사회적으로 존경받고 안정적인 수입을 얻을 수 있기 때문일 것이다. 그러나 의사라고 해서 좋은 면만 있는 것은 아니다. 사실 권력으로 치자면 의사는 정치인이나 고위 관료 등에 비할 수 없고, 수입 면에서도 전문 법조인이나 기업인과 비교할 수 없다. 특히나 외과의사는 고되고 힘든 직업이다. 열 시간이 넘게 긴장의 끈을 놓지 않아야 할 때도 있고, 한밤중이나 새벽에 비상호출을 받고 병원으로 달려가야 할 때도 많다. 그럼에도 그런 어려움을 단박에 잊게 만드는 벅찬 순간들 또한 존재한다.

확률이 희박한 수술을 성공적으로 이뤄냈을 때!

고통 속에서 하루하루를 보내던 환자가 새로운 삶을 찾고 웃음 짓게 되었을 때!

질병이 완치된 환자들과 그 보호자들이 고마움의 인사를 전해올 때!

그것은 의사만이 누릴 수 있는 특별한 순간이다. 그리고 내가 누군가에게 도움을 주었다는 보람과 감동이 느껴지는 순간이기도 하다.

이처럼 의사는 다른 이들에게 도움이 되어야 하는 존재이다. 의사가 정말 좋은 직업이라면, 바로 그런 이유에서이다.

당연히 나는 세상에 도움을 주는 의사가 되고 싶었다. 병마와 직접 맞서서 환자를 치료하는 외과의사를 천직이라 여겼다.

한길을 걷다 보니 '신장이식과 췌장이식 분야의 최고' 라는 과분한 칭찬이 따라붙었다. 당초 나의 소박한 꿈은 '최선(最善)을 다하는 의사' 가 되리라는 것이었다. 환자에게 도움이 되고 맡은 바 역할을 충실히 하자는 다짐 하나가 전부였다. 순간마다 전력을 다했고, 그러다 보니 어느덧 '국내 췌장이식의 개척자' 라는 최선(最先)의 자리에까지 오르게 되었다.

## 소중한 인연들의 격려와 응원에 힘입어

1장에서 언급했듯이, 나는 매주 토요일 검단산을 오른다. 정상을 향하여 숨차게 오르막을 걷다 보면 힘이 들어 절로 기도가 나온다. 그럴 때마다 이런 생각을 한다.

나는 이렇게 맨몸으로 오르는 것도 괴로운데, 무지한 유대인들로 인해 많은 고문을 당하신 뒤 무거운 십자가를 등에 지고 골고다 언덕을 오르시던 약 2,000년 전의 예수님은 얼마나 힘이 드셨을까.

내가 어려움을 겪을 때마다 가까이에서 응원과 격려를 아끼지 않던 이들을 떠올리기도 한다. 어린 시절을 돌이켜보면, 그 시절의 아버지들이 대개 그러했듯이 나의 아버지는 먼 삶의 목적지와 방향을 가리켜준 분이었다. 내게 삶의 나침반을 쥐여 주셨다.

사소한 고민과 개인적인 좌절에 대한 이야기를 들어주고 어깨를 안아주며 격려하는 이는 어머니였다.

"그런 일에 너무 집착하지 않아도 된다.", "지금도 충분히 잘 하고 있다.", "모두 잘 될 것이다."라며 내게 긍정적인 마인드와 자신감을 심어주신 분.

손톱이 자라지 않는 나의 왼손 가운데손가락을 보면 어머니의 인자하신 얼굴이 생각난다.

인생에서 중요한 변곡점이 된 만남도 있었다. 미네소타대학 전임의 시절, 나는 췌장이식 분야의 최고 권위자였던 데이빗드 서덜랜드 교수와 함께했다. 그와의 인연이야말로 내겐 특별한 행운이었다.

1990년대 초반만 해도 췌장이식은 세계적으로도 흔치 않았음은 물론 국내에서는 황무지의 영역이었다. 서덜랜드 교수는 그 분야의 선구자였다. 내가 한국에서 미답의 영역이던 췌장이식을 시도하여 발전시킬 수 있었던 것은 바로 서덜랜드 교수에게서 받은 배움의 영향 덕분이었다.

서덜랜드 교수는 췌장이식의 연구와 발전에 늘 앞장섰고, 또한 언제나 최선을 다했다. 의사로서의 그의 자세 또한 내게 많은 영감을 주었다.

어쩌면 지금의 나는 이렇듯 소중한 인연들이 건넨 격려와 응원으로 만들어진 존재가 아닐까 싶다. 기독교도인 내게 그것은 하나님께서 인도하신 길이라는 생각을 하지 않을 수 없다.

## 손톱을 잃고 생(生)을 얻다

1949년 12월 30일, 서울 종로구 신문로 1가 58번지(구세군회관 바로 뒷집)에서 2남5녀 중 셋째이자 장남으로 태어난 나는 세상에 발을 들인 지 육 개월 만에 한국전쟁을 맞았다.

훗날 어머니에게서 전해들은 얘기로는 내가 피난 행렬의 와중에 생인손을 앓게 되었다고 한다. 아이의 손가락은 곪아 들어가는데 마땅히 치료받을 만한 곳은 없고… 애타는 어머니의 등에 업혀 나는 피난 행렬에 동참하고 있었다.

그러던 어느 날 우리 곁을 지나가던 젊은 청년이 내 사정을 듣게 되었고, 그는 주머니칼을 불에 달궈 어린 아기의 손가락을 째는 시술을 했다.

이후부터 내 왼손 중지에는 손톱이 자라지 않는다. 겨우 한 살배기 아기였던 데다 치료는 커녕 삶의 모든 환경이 최악이던 그때 나는 자칫 죽을 수도 있었다. 우연한 도움으로 생(生)을 얻는 대신 손톱이 없는 손가락을 갖게 된 것이다.

가끔 생각해 보면, 외과의사로서의 길은 그렇게 운명처럼 내 앞에 놓인 게 아니었나 싶기도 하다.

내 왼손 중지에는 손톱이 자라지 않는다. 겨우 한 살배기 아기였던 데다 치료는커녕 삶의 모든 환경이 최악이던 그때 우연한 도움으로 생을 얻는 대신 손톱이 없는 손가락을 갖게 된 것이다.

가끔 생각해 보면, 외과의사로서의 길은 그렇게 운명처럼 내 앞에 놓인 게 아니었나 싶기도 하다.

## 사랑 가득한 어린 시절

늦둥이 막내 동생이 태어나기 전까지 나는 딸 많은 집안의 외아들이었다. 당시로서도 과하다 싶을 만큼 가족의 사랑을 듬뿍 받고 자랐다. 이를 테면, 아버지께서 수박 한 통을 사오시면 절반을 잘라 내게 떼어 주는 식이었다. 나머지 반쪽으로 누나들과 여동생 몫을 나누었다.

여자들 틈에서 지낸 덕분인지 나는 조용하고 깔끔하고 섬세하다는 말을 자주 들었다. 학교에서 돌아오면 숙제를 마친 뒤 다음날 준비물을 챙겨 놓고서야 다른 일을 했고, 누나들이 내 서랍에서 몰래 학용품을 빼 가도 나는 금방 알아차렸다. 정갈한 성품의 어머니와 누나들 영향도 있을 테지만 아마도 정리정돈에 능하고 깔끔한 기질은 셋째 이모에게서 물려받은 것 같다.

내가 어렸을 때, 셋째이모는 결혼 전 우리 집에서 지내던 날이 많았다. 그때도 인상적이었던 건 이모의 몸에 밴 깔끔함이었다. 이모는 잠자리에 들기 전 머리맡에 옷을 착착 개어놓고 잠옷으로 갈아입으셨다. 이모가 머무는 방의 물건들은 항상 제 자리를 지켰고 머리카락 한 올, 먼지 한 톨 돌아다니지 않았다.

이모를 따라 시내 나들이를 가는 날을 나는 특히 좋아했다. 지금의 이모부와 데이트하던 날들이었는데, 빵집에서도 차 안에서도 이모의 옆자리는 항상 내 차지였다. 심지어 극장에서조차 가운데 자리를 차지했으니, 이제와 생각해 보면, 애인 손을 잡고 신난 표정으로 재잘거리는 내가 이모부 입장에선 반갑지 않은 손님이었을 터였다.

이후 셋째이모가 결혼해 서울에 신혼집을 차렸을 때도 나는 방학 때면 이모가 보고 싶어 부산에서 올라와 일주일이나 열흘 정도 지내다 가곤 했다. 가끔 장난감을 사 달라 떼를 쓰는 어린 조카를 이모부는 무척 아끼고 사랑해주셨다. 그 옛날 경제기획원 공무원으로 미국 연수를 가셨을 때도 국제 소포로 선물을 보내주실 정도였다. 당시 국내에서는 구경조차 할 수 없던 어린이 자동차였는데, 처음 그것을 타고 집 앞에 나갔을 때 놀라던 사람들의 표정을 잊을 수 없다. 자동차 색깔에 딱 맞춘 옷을 입고 페달을 구르며 신나게 골목을 누비고 다니던 기억은 짧았던 유년기의 가장 행복했던 추억 중 하나이다.

# 2
# 담금질의 시간들

## 무엇이든 할 수 있다

흔히들 전문가가 되기 위해 겪는 부단한 훈련의 과정을 '담금질' 에 비유한다. 사전적 의미로 담금질이란 높은 온도에서 달군 금속 재료를 물이나 기름에 넣어 급격하게 식히는 일이다. 단단한 강철로 거듭나기 위해서는 수없이 많은 담금질을 반복해야만 하는 것이다. 금속의 입장에서는 그야말로 혹독한 시간이지만 단단함을 만드는 데 필수불가결한 과정이다. 의사가 되는 과정에도 이런 담금질이 필요하다. 물론 나에게도 그러한 시절이 있었다.

의사 면허를 받고 임상 수련을 진행하는 인턴 1년 동안은 그야말로 좌충우돌의 시기였다. 특히 응급실 인턴 때가 가장 많이 기억나는데, 세간에서 이야기하는 고난의 과정이 처음엔 즐겁고 신나는 경험으로도 여겨졌다. 샘플링이든 응급처치든 내게 주어진 일엔 무조건 최선을 다하고자 했다.

독재정권의 부정선거를 규탄하는 시위가 한창이던 어느 날이었다. 응급실에 할복을 시도한 사람이 실려 왔다. 환자의 배는 피투성이였고 그야말로 한 일(一)자로 길게 찢어져 있었다. 봉합수술이 시급했다. 개중엔 어두운 표정을 짓는 동료들도 있었다. 하지만 내게는 그것 또한 소중한 경험이 될 터였다. 나는 이마에 맺힌 땀을 미처 닦을 새도 없이 열과 성을 다해 환자의 배를 꿰맸다.

약제나 의료 시설이 터무니없이 열악한 시절이었다. 이메일 같은 통신 시스템도 전무했기에 모든 연락 수단은 사람의 손과 발이 대신해야 했다. 검사지 한 장을 얻기 위해, 엑스레이 필름을 전달하기 위해, 나는 하루에도 수십 번씩 병원의 계단과 복도를 뛰어다녔다. 그렇듯 바쁘게 일과를 마치면 겨우 쪽잠을 잘 수 있었다. 수련 초기에는 자다가도 발에 쥐가 나서 깨는 경우가 다반사였지만 그조차도 수련의가 겪어야 할 귀중한 경험으로 받아들였다.

## 주사기를 빼앗기다

담금질의 첫 번째 시련은 내과 인턴과정을 수행하던 때에 왔다. 인턴 2주차였다.

요즘은 주사 놓는 일이 간호사의 영역으로 자리 잡았지만 그땐 인턴의 필수 업무 중 하나였다. 지금보다 열악한 시스템에 주사바늘도 일회용이 아닌 재생 바늘을 썼는데, 소독해서 쓰고 또 쓰고 반복하다 보니 나중엔 바늘 끝이 뭉툭해질 정도였다. 그러니 주사기를 앞에 두고는 환자도 의료진도 서로 예민해질 수밖에 없었다.

그런 주사바늘로 환자의 팔을 찌르다가, 그만 쫓겨나고 만 것이다.

내과 환자들 중 간경화를 앓고 있는 분들은 주사를 너무 많이 맞아

서울대학교 병원 레지던트 2년차 시절 교수님들과
(1977. 좌측 맨 앞줄 김진복 선생님, 우측 맨 앞줄 홍성욱 선생님, 맨 뒷줄 왼쪽 에서 네번째 본인)

서 혈관 상태가 좋지 않은 편이다. 그날도 나는 전과 같이, 간경화 환자에게 다가가 뭉툭한 주사바늘을 꺼내 소독하고 알코올 솜으로 혈관 부위를 닦아내고 있었다. 이상한 느낌에 고개를 들어 보니, 환자의 눈초리가 매서웠다. "어디 한번 두고 보자."는 식으로 나를 노려보고 있었던 것이다. 나는 의사 시험이 끝나고 인턴으로 들어오기 전 보름동안 수도 없이 연습했던 대로, 그리고 선배들에게 귀가 따갑도록 들어온 대로, 정맥 혈관을 찔렀다.

"아야!"

비명을 내지른 환자는 내 손에 쥐고 있던 것을 낚아채버렸다.

주사기를 빼앗긴 것이다.

그때부터 한동안 나는 환자를 기피하게 되었다. 옆에서 그 일을 지켜보고 있던 레지던트 주치의도 이후론 내게 주사 오더를 내리지 않았다. 어쩌다 다른 선생님의 오더를 받으면 나는 에스오에스(SOS)를 요청했다. 다행히 그 의사는 나의 고등학교 선배였다.

"혈관이 자꾸 도망을 다녀요."

얼굴이 발갛게 달아오른 인턴이 하늘같은 선배인 3년차 레지던트에게 주사를 대신 놓아 달라 부탁하는 모양을 보고 선배들 사이에선 웃음과 농담이 오가기도 했다.

"얘 참 겁도 없이 귀엽다. 해줘라, 해줘."

주사 놓기 외의 다른 일에는 여전히 열과 성을 다했다.

화상 환자의 에스카(변질된 조직)를 떼어내는 일은 외과 의사들이 피하고 싶은 일 중 하나이다. 욕조 같은 통에 생리식염수를 잔뜩 채우고, 진통제를 맞은 환자를 그 안에 들어 앉히고, 상처의 딱지를 때를 밀 듯이 부풀리고 잘라내는 일에도 나는 얼굴 한번 구기지 않았다.

## 그 체격으로 외과의사 할 수 있겠어?

인턴과정을 무사히 마치고 전공의 면접을 보던 날 두 번째 고비와 맞닥뜨렸다. 당시 나는 지금보다 호리호리한 체구여서 몸무게가 57kg에 지나지 않았다. 서울대 은사였던 홍성욱 교수께서는 그런 나를 앞에 두고 이렇게 말씀하셨다.

"그 체격으로 외과의사 할 수 있겠어?"

어쩌면 당연한 질문이었다. 외과수술이라는 게 상당한 체력이 뒷받침되지 않으면 감당하기 어려운 일이었다.

순간 내 머릿속으로 불길한 예감이 스쳤다.

떨어졌구나….

'환자에게 최선을 다하는 의사가 되자' 라는 순수한 의지만으로는 이루기 어려운 꿈 앞에서 나는 무릎을 꿇기 일보직전의 상황에 놓여 있었다.

그때였다.

"허허, 그럼 당신은 체격이 좋아서 외과의사를 잘 하나?"

고개를 푹 떨군 나의 등 뒤에서, 김진복 선생님이 뼈 있는 농담을 건넸다. 면접장의 분위기는 반전되었고 덕분에 나는 그 고비를 무사히 지날 수 있게 되었다.

"걱정하지 말게. 체격이 어떻든 상관없이 자네는 훌륭한 외과의사가 될 걸세."

결국 나에 대한 두 분의 믿음과 지지를 얻으며 그렇게 나는 외과 레지던트로서의 첫 발을 내딛게 되었다.

이후 4년의 레지던트 과정을 마치자마자 군에 입대했고, 군 2년차 때 지금의 아내와 결혼했다.

군의관 시절은 암흑기와도 같았다. 훌륭한 스승님과 선배들 밑에서 배운 지식과 경험을 고스란히 묻어두어야 했기 때문이다. 청평 후송병원에서 1년을 지냈고 이후 서울중앙병무청으로 옮겨 남은 2년을 근무했지만, 의사로서의 역할보다는 사무직에 가까운 일들을 맡았다. 군 전문병원의 신체검사 업무나 컨설팅 같은 관리 업무를 주로 수행했다. 수술이라든지 환자 응대 같은 의료 행위를 할 수 없으니 내게는 다소 침체의 시기이기도 했다. 의사로서의 경험과 경력을 쌓기는커녕 알던 지식마저 잊고 지낸 시절이었다.

# 3
# 내딛는 걸음을 앞에서 이끌어준 사람들

## 외과의사로서의 롤 모델 - 김진복 선생님

사십여 년 외과의사로서, 장기이식의 선두 주자로서의 길을 걸어오면서 소중한 동행이 없었더라면 지금의 내가 존재할 수 있었을까. 어려운 고비마다 나를 믿고 격려하며 이끌어주신, 또한 보람된 순간에도 자기 일처럼 기뻐하며 칭찬을 아끼지 않은 분들이 있기에 여기까지 올 수 있었다고 생각한다. 그분들이 내 곁에 있었으므로, 때론 힘들고 고달팠던 여정에서도 외과의사로서의 소명을 잊지 않을 수 있었다. 고맙고 소중한 스승님과 선배 그리고 늘 든든한 지원을 서로 아끼지 않는 동료들이 나에겐 더할 나위 없는 우군이었다.

"걱정하지 말게. 체격이 어떻든 상관없이 자네는 훌륭한 외과의사가 될 걸세."

전공의 면접시험에서 나를 구원해주신 김진복 선생님의 말씀을 가슴 깊이 새기고 살아왔다. 언제나 앞선 곳에서 나의 롤 모델이 되었던 분. 석·박사 4년을 지도교수로서 이끌어준 그분께 나는 많은 것을 배웠다.

성격이 화끈하셔서 다혈질이란 평도 있었지만, 환자를 대할 때나 수술을 집도할 때나 연구를 실행할 때나, 늘 최선을 다하고 적극적이며 열정적인 선생님의 모습에서 나는 참의사의 모습을 발견할 수 있었다.

선생님은 몰래 나의 중매를 서기도 할 만큼 나를 아끼셨다. 4년차 치프 시절의 어느 날이었다. 그날따라 선생님은 유난히 내 머리와 옷매무새를 매만져주시며 나를 어리둥절하게 만들었다. 진료 중에 문득 어떤 환자 보호자가 나를 유심히 살펴보는 느낌이 들어서 그제야 눈치를 챌 수 있었다. 나중에 웃으며 말씀하시기로는 선배 의사의 딸을 소개해주려던 자리였다 한다.

그런 일은 예나 지금이나 의대생들에게 흔한 일일 것이다. 당시 레지던트 동기 5명 중 4명이 총각이었는데, 어떤 친구는 전문의 시험공부를 하다가 선배의 중매로 도서관에서 불려나간 적도 있다는 우스갯소리도 돌았다.

## 미세수술의 선구자 - 선 리

선 리 교수와의 인연은 내가 강남성심병원에서 근무하던 1985년, 〈미세수술 워크숍〉에 그분을 초청하면서부터 시작되었다. 당시 나는 강남성심병원 병원장이셨던 윤대원(현 한림대병원 이사장) 선생님의 지시로 미세수술 워크숍을 혼자서 준비하였고, 동분서주 끝에 성공적으로 개최하기에 이르렀다. 2주 동안 행사 주최자로서 자료를 검토하고, 선 리 교수의 강의를 듣고, 쥐 수술에 동참하면서 나는 미세수술의 세계에 흠뻑 빠지고 말았다. 그 또한 흔쾌히 나의 멘토가 되어주셨다.

샌디에이고 스크립스 클리닉의 외과교수이며 당시 미세수술의 선두주자였던 그는 나에게 서덜랜드 교수를 소개해준 분이기도 하다.

평안도 출신인 그는 원래 한국의 외과의사였는데 1960년대 미국으로 건너가 미세수술의 대가가 되었다. 1986년 미국 연수 때 일주일동안 머물렀던 그의 실험실에서, 나는 많은 연구진들과 직원을 관리하며 미세수술 연구소를 운영하는 것을 보고 경탄을 금치 못했다.

한국에서의 워크숍과 미국에서의 쥐 실험. 겨우 3주뿐이었던 그와의 인연은 이후로도 오랫동안 지속되었다. 그는 '미세수술 커뮤니티의 멤버 및 카운슬러' 로 나를 임명하였고 2011년 4월에는 'Sun Lee Award' 수상의 영광을 안겨주는 등 최근 작고하시기 전까지 내게 많은 도움을 주었다.

나를 참 좋아하고 아껴주셨던 선 리. 그분이 한국에 들어올 때마다 함께 저녁 식사를 하며 연구와 수술에 대한 이야기를 나누던 기억이 엊그제 일처럼 눈앞에 선하다.

## 췌장이식과 도세포 연구의 파이오니어 - 서덜랜드

지금의 나를 있게 한, 아산병원 신장이식 5,900례와 췌장이식 460례라는 불굴의 성과를 이루기까지 내게 가장 큰 영향을 준 사람을 꼽으라면 단연 데이빗드 서덜랜드 교수이다. 췌장이식과 도세포 연구에 직접적인 멘토가 되어준 그와의 인연은 처음엔 선 리 교수의 소개를 통한 편지 왕래로 시작되었다.

미네소타대학에서 1977년부터 췌장이식 수술을 시작한 서덜랜드 교수는 2000년까지 실험논문과 임상논문을 1,000편이나 발표할 정도로 연구와 진료에 헌신적인 노력을 쏟아부었다.

1986년부터 1987년까지, 수백 마리의 쥐 실험으로 시작해 미네소타대학병원 외과 펠로우로 일하던 약 일 년 반 동안의 배움의 과정은 내가 발전할 수 있는 원동력이 되어주었다. 그때 실험하고 연구했던 경험들이 씨앗이 되어 나를 여기까지 올 수 있게 한 것이다. 췌장이식과 도세포 연구로 당뇨병 환자의 근본적인 치료에 선도적 역할을 했던 서덜랜드 교수의 행로를 이어받은 덕분에, 나는 '췌장이식을 통한 당뇨병 치료' 라는 새로운 영역을 개척하며 한국의 의학 발전에도 기여할 수 있게 되었다.

또한 이식 수술의 '팀워크' 를 중시하고 의료진들의 화합을 강조하게 된 것도 앞서 제1장에서 소개한 '1992년 최초 췌장이식 환자의 혈전-초음파' 일화에서처럼 그의 조언에서 비롯된 것이었다.

스승이자 멘토로서 그리고 참된 의사로서, 내가 나아가고자 하는 길에 밝은 등불을 비춰주신 세 분의 의사들에게 다시 한 번 감사의 마음을 전하고 싶다.

## 아산병원으로 이끌어주다 - 김인구선배님과 박건춘선배님

1990년 한림대학교 강동성심병원에 재직하고 있을 때였다. 2월 하순 경으로 기억하는데, 당시 나는 학회 준비로 저녁 늦게까지 병원에 머무는 날이 많았다. 저녁 일곱 시가 다 되어 서울중앙병원(현 서울아산병원) 김인구 선생님의 전화를 받았다. 나의 인턴 시절 치프 레지던트의 자

아산병원 신장이식 5,900례와 췌장이식 460례라는 불굴의 성과를 이루기까지 내게 가장 큰 영향을 준 사람을 꼽으라면 단연 데이빗드 서덜랜드 교수이다.

리에 있던 선배인데, 훗날 내가 치프가 되었을 때 강의 초청을 하면서 안면을 익힌 사이였다. 선배는 훗날 강릉아산병원 원장으로 부임하여 정년까지 마치셨다.

하여간 그 전화를 받은 순간 나는 앞으로의 내 신상에 어떤 변화가 생길지 모른다는 비밀스러운 예감이 들었다.

"당신, 여기로 좀 와 줄 수 있을까?"

나는 두근거리는 가슴을 애써 진정시키며 약속 시간을 정했다.

사실 얼마 전, 학회 때 선배를 만났을 때 내가 농담 반 진담 반으로 "선배 병원에 빈자리 없어요?" 라고 물었던 적이 있었다. 김인구 선배는 당시 충남대학교 병원에 재직 중이었다.

1983년 군의관 소령 예편 후부터 강남성심병원에 몸담았고, 재직 중 미네소타대학 연수를 다녀와 다시 강동성심병원으로 근무지를 옮겨오는 동안 좋은 일만큼이나 극복하기 어려운 일들도 많았다. 내심 이직을 원했지만 서울에 대형 병원이라곤 서울대/연세대/카톨릭대 병원 정도로 마땅한 자리는 없었다.

그러던 중 마침내 1989년 6월에 서울아산병원이 문을 열었다. 외과의로 부임해온 선배는 나의 푸념을 기억하고 있다가 회의 도중 이식 쪽 인원 충원이 필요하다는 의견을 듣고 바로 전화기를 들었다.

며칠 뒤, 나와 마주앉은 선배는 회의 때 나온 이야기를 전하며 물었다.

"어때? 좋은 기회인데, 들어올 거지?"

나는 이렇게 말했다.

"좀 더 상황을 판단해보고 다시 말씀드리겠습니다."

막상 제안을 받고 보니, 7년 동안 동고동락했던 정든 직장을 하루아침에 등지고 나오는 일이 만만치 않게 여겨졌던 것이다. 김인구 선배는 나의 대답을 절반 이상의 수락으로 받아들였다.

그러나 예상대로 한림대병원에선 나를 놓아주려 하지 않았다.

"부족한 것이 있으면 더 열심히 도와줄 테니 우리 앞으로도 같이 갑시다."

윤대원 이사장은 매일 나와의 미팅시간을 만들어, 여러 사항들을 꼼꼼히 챙겼다.

"뭐 필요한 건 없나?"

"부족한 게 있으면 바로 얘기해요."

"리서치 연구원들 페이는 어떻게 지불하나?"

"적은 월급에서 연구원 페이까지 나누다니. 우리가 지원해 줘야지."

이런 상황에서 나는 차마 매정하게 뿌리칠 수가 없었다.

얼마 뒤 김인구, 박건춘 선배님들과 저녁식사 자리를 마련하였지만 좀처럼 입이 떨어지지 않았다.

"죄송합니다. 못 가겠습니다."

김인구 선배님은 말없이 고개를 끄덕거렸다.

그때였다.

"이 사람아, 나도 그랬어."

옆에 앉아계시던 박건춘 선배님이 자신의 경험담을 꺼내놓았다. 그는 고등학교, 대학교 선배로서 서울중앙병원 과장으로 근무하기 전 겪은 일들을 상세하게 털어놓은 뒤 다시 한 번 쐐기를 박듯이 말했다.

"좋은 기회가 있을 때 와라."

당시 외과 과장이던 박건춘 선배님은 이후 아산병원 원장 및 의료원장으로 정년을 마치셨다.

집안에서는 아내가 성화였다.

"그 좋은 제안을 왜 거절하는 거예요? 망설일 게 뭐 있어요? 빨리 그곳으로 옮기세요. 언제 또 그렇게 좋은 기회가 오겠어요?"

결국 나는 일주일 만에 결심을 번복했다.

아내의 말이 옳았다. 나는 이미 거스를 수 없는 강물의 한가운데를 표류하고 있었던 것이다. 물살의 흐름에 따라 더 넓은 바다로 나아가기로 했다.

이 상황을 듣고 처음엔 실망스러운 기색을 보이던, 당시 같은 병원에 근무하던 외과 후배도 내 결정을 응원해주었다.

"선배님, 가세요. 가셔서 나중에 꼭 저도 이끌어주세요."

그 주의 토요일 아침, 나는 이사장실의 문을 노크했다.

윤대원 이사장님은 이미 어떤 기미를 느낀 듯한 표정으로 나를 맞으셨다.

"그래. 그러면 가요. 가서 잘 해요. 더는 옮기지 말고, 혹시 다시 오고 싶으면 언제든 연락해요."

그는 며칠 뒤 나의 후배를 불렀고, 지갑에서 반듯하게 접은 수표를 꺼내 건넸다.

"한 선생 가는데 저녁도 못 사줬네. 이걸로 같이 식사 한 번 하세요."

전화를 받은 순간 나는 앞으로의 내 신상에 어떤 변화가 생길지 모른다는 비밀스러운 예감이 들었다.

"당신, 여기로 좀 와 줄 수 있을까?"

바쁜 일정 탓에 자주 찾아뵙지는 못하지만 매스컴을 통해, 또는 이러저러한 통로로 그 분의 소식을 들을 때면 마음 한편이 따뜻해지면서 만감이 교차하곤 한다. 내게 신장이식을 시작하자고 제안하였고 이후 연수도 보내주신 분으로, 첫 신장이식 수술은 물론 여러 수술을 같이 해왔던 분이기에 더욱 그렇다. 성심병원에서의 7년이 이곳에서의 30여 년보다 더 길게 느껴질 정도로 많은 일들을 함께 겪었기에.

한동안은 내게 이런 농담을 던지기도 하셨다.

"한 선생, 우리 병원으로 다시 오지 않을래요? 나랑 같이 실험도 하고, 그러지 않을래요?"

## 두 팔 벌려 환영해주다 - 민병철 스승님과 이승규 선배님

우여곡절 끝에 이곳 아산병원에 도착했을 때 최종 승인을 내려준 분이 민병철 선생님(1990년 당시 서울아산병원장)이다. 나의 레지던트 시절 서울대 교수였던 그는 구로 고대병원 원장까지 역임하고 이곳 아산병원으로 오셔서 원장으로 취임하여 13년 동안 병원장으로서 이 병원을 발전시키신 분이다.

문제의 '1992년 최초 췌장이식 환자의 혈전-초음파' 사건 당시, 회식 자리에서 내게 해주신 말씀이 아직도 귓가에 생생하다.

"내가 미국에서 전문의가 되어 왔을 때 간경화 환자에게 '하지정맥우회수술' 을 처음으로 시도했었네. 정맥을 이어줘야 하니까, 아주 난해한 수술이었지. 주변의 관심은 대단했어. 어디, 너 얼마나 잘하나 보자. 미국에서 전문의를 따고 왔다고, 불신인지 시기와 질투인지, 지켜보는 시선들이 많았거든."

그분은 내게 축하주를 따라주고 말을 이었다.

"그때 난 일주일동안 집에 들어가지 않았어."

"무슨 일이 있었습니까?"

"허허, 무슨 일이 있기는. 수술 환자 케어하느라 그랬지. 자네도 환자 관리 잘해야 하네."

아산병원에서 나를 기다리고 있던 사람들 중 또한 이승규 선배님을 떠올리지 않을 수 없다.

선배와의 인연은 너무도 각별해서, '2009년 환자간 장기매매 사건' 당시 나란히 서울경찰청 특수부로 불려 다니지 않았던가. 의국 생활 4년은 물론 졸업 후에도 수시로 연락하며 지내던 사이였기에, 선배와의 재회는 마치 든든한 파트너를 다시 만난 듯한 감회를 불러 일으켰다. 가히 '간 이식의 대가' 라고 칭할 만한 이승규 선배님은 현재 서울아산재단 의료원장으로 재직 중이시다.

이렇듯 좋은 선배들과 함께 의사생활을 할 수 있었던 것이 나에겐 더 바랄 것 없는 행운이었다. 그분들은 늘 내게 잔소리처럼 말한다.

"당신 수술 그만 해라."

"좀 쉬면서 일해라."

30여 년 동안 아산병원에 있으면서 "수술 더 하라", "일 열심히 하라" 라는 이야기는 한 번도 들어본 적 없으니, 그들의 염려가 과한 것인지 정말로 내 활동이 지나친 것인지는 나도 잘 모르겠다. 적어도 그들에게 성실하고 열심인 모습을 보이고 믿음을 주었던 것 같아 다행으로 여기고 있다.

### 실험실의 동료 - 피터스톡

국내의 인연 못지않게 소중하고 고마운 외국인 동료도 있다.

1986년 미네소타대학 서덜랜드 교수에게 첫인사를 하러 간 자리에서 4년차 레지던트였던 피터스톡을 처음 만났다. 노크를 하고 연구실로 들어갔을 때 두 사람은 리서치 연구 주제로 이야기를 나누고 있었다. 이후부터 그와 나는 한 팀이 되어 여러 가지 실험과 연구를 함께 수행했고, 현재까지 34년째 인연을 이어오고 있다.

사실 한국에서의 외국인 차별이 암암리에 존재하듯이 젠틀한 미국인들도 동양인에 대한 시선은 평등하지 않았다.

미네소타에서 지내는 동안 있었던 일이다.

어느 날 나는 혼자 미네소타 대학병원 근처의 딩키타운에 있는 전파사를 찾아가 오디오를 한 대 구입했다. 상점 주인은 4주쯤 후에 물건이 도착한다고 말하며 선불을 요구하였다. 그런데 한 달이 훨씬 지나고 반복된 문의 끝에 연락이 와서 물건을 받으려고 가보니, 애초에 내가 고른 제품이 아닌 다른 모델의 오디오가 포장되어 있는 게 아닌가. 분명 나는 미국산을 주문했는데 상자 안의 오디오는 일본산이었다.

언짢은 기분으로 물건을 반품하려 했더니, 상점 주인은 단번에 안 된다고 거절했다. 환불 사유를 여러 번 설명했지만 소용없었다. 무조건 안 된다는 것이었다.

다음 날 나는 연구실에서 피터스톡에게 억울하고 언짢은 이 일에 대해 털어놓았다.

그는 깜짝 놀라며 자기와 함께 그 전파사에 가보자고 했다. 가는 도중 또 다른 동료를 만났다. 외과 소속 통계학 교수였던 그는 자기도 같이 가겠다며 따라나섰고, 우리 일행은 세 명이 되었다.

두 명의 미국인 의사와 동행한 나를 보더니 전파사의 주인은 두말없이 현금 환불을 해주었다.

돌아오는 길에 통계학 교수는 내 어깨를 두드리며 말했다.

"닥터 한, 내 생각엔 그 전파사 주인이 뭔가 착각을 했던 것 같아. 차별 같은 건 아닐 테니까 너무 마음 상하지 않았으면 해. 나도 백인이지만 헝가리 출신이라 그런지 뉴욕에서 많이 당해봐서 잘 알아요."

나를 위로하려고 하는 말이라는 걸 모르지 않았기에, 그의 목소리가 더욱 따뜻하게 느껴지는 저녁이었다.

사실 지금도 그런 일은 은연중 일어나고 있을 것이다. 한국의 위상이 많이 높아지긴 했지만 백인이 아니면 어느 정도의 숨겨진 차별은 각오해야 한다. 요즈음 그곳에서 2세, 3세를 키우는 게 과연 당사자들에게 좋기만 한 일인지 고민해 볼 필요가 있을 것 같다는 생각도 든다. 그런데 이렇게 말하는 것은 너무 비관적인 기우일까? 그럼에도 인종이나 국가 간의 차이에 구애받지 않고 우정과 협력을 나누려는 사람들 또한 많다는 사실도 잊지 않아야 할 것이다.

# 4
# 최선의 치료는 환자와의 신뢰관계로부터

우리 속담에 "백짓장도 맞들면 낫다."는 말이 있다. 혼자가 아닌 둘이, 둘이 아닌 여럿이 무엇이든 함께 하는 것이 더 나은 결과를 만든다는 말이다. 그런 면에서 서로 돕는 협력은 아무리 강조해도 지나치지 않다.

아무리 출중한 존재여도, 혼자서 아무리 최선을 다하여도, 안팎에서 협동하는 이들을 앞서기는 어려울 것이다. 지금의 나를 여기에 있게 한, 앞에서 이끌고 곁에서 손잡아준 이들에게 감사하는 마음이 큰 만큼 나의 뒤에서 새로운 길을 개척하려는 후배들에게 이르고 싶은 말이 있다.

## '의사 대 환자'가 아닌 '가족의 일원'처럼

의술(醫術)은 인술(仁術)이다. 의사를 하나의 직업(job)으로만 생각한다면 의사 생활이 다소 힘들어질 수 있다. 의사는 연령 제한이 거의 없는 직종이지만 무엇보다 큰 장점은 다른 일에 비해, 남을 위해서 뭔가 도움이 되는 역할을 한다는 데에 있다. 그런 의미에서 경제적 안정에만 뜻을 둘 것이 아니라 스스로 남을 도울 수 있고 그 일을 평생 할 수 있다는 긍지와 자부심을 가져야 할 것이다.

그러므로 환자를 대할 때에도 '의사 대 환자' 가 아닌 '가족의 일원' 으로 생각하는 것이 바람직하다. 병을 치료하고자 마주앉은 환자에게 의사로서 일방적 지침을 주기보다는 상호 소통의 방법을 먼저 찾아야 할 것이다. 환자의 목소리에 귀 기울이고 환자와 신뢰 관계를 형성하는 것이 최선의 치료로 나아가는 지름길이다. 이는 의사로서의 전문성을 키우는 동시에 의학 발전에도 기여하는 결과를 낳는다. 약제와 진료에 대한 부작용들이 쌓이면 하나의 텍스트가 된다. 그런 사항들을 환자로부터 직접 듣는 것은 책에서 얻는 자료보다 훨씬 생생하고 중요한 경험이 될 것이다. 혹시나 책이나 자료들이 놓칠 수 있는 부분을 찾아낼 수도 있다. 따라서 부작용이나 컴플레인을 무시하고 거부하기 보다는 환자의 사례를 교과서 혹은 지식의 근원으로 삼는 것이 의학 발전을 위한 최선의 태도가 아닐까 한다.

## 용기를 북돋는 말, 선의의 거짓말

사회가 팍팍해지면서 인간관계도 점차 각박해져가고 있다. 간혹 환자가 어떤 문제를 따질 때 거리를 두기 시작하면 상호 관계는 더 악화된다. 신뢰 회복을 위해, 그리고 환자의 심리적 안정을 위해 가끔은 진료와 관련된 농담도 도움이 된다. 다만 충분한 '라뽀(rapport)' 가 형성된 다음에, 의사와 환자로서 나눌 수 있는 대화 범위 내에서 하는 것이 좋다. 약간의 친분을 느낄 수 있는 언어를 잘 골라서 위트 있게!

예를 들어 장기기증자에게 용기를 북돋는 의미로는 이런 농담이 좋다.

"콩팥수치가 저보다 훨씬 좋으시네요."

한 개의 콩팥을 기증한 가족들에게 수술 후 신장 기능이 좋은 경우엔 이렇게도 말한다.

"한 개 더 있으면 또 주셔도 되겠어요."

때로는 선의의 거짓말을 해야 할 때도 있다.

가족 간 이식이 필요한데, 어떤 이는 주고 싶어도 신장 기능이 떨어져서 못 주는 경우가 있는 반면 줄 수 있어도 주기 싫어하는 사람이 있다. 이럴 땐 가정불화를 막기 위해서라도 적절한 이유나 구실을 만들어 줘야 한다.

"기증자의 콩팥에 문제가 있네요."

안타깝고 씁쓸하지만 장기이식에 관여하는 의사로서의 도리라 생각된다.

## 의사에게 "Memento Mori, Carpe Diem"이란?

옛날 로마에서는 원정에서 승리를 거두고 개선하는 장군이 시가행진을 할 때 노예를 시켜 행렬 뒤에서 큰소리로 외치게 했다.

"메멘토 모리(Memento Mori)!"

라틴어로 "죽음을 기억하라." 는 말로 "오늘은 전쟁에서 승리했지만, 너도 언젠가는 죽는다는 걸 잊지 말라." 는 의미였다고 한다.

한편 고대 로마 아우구스투스 황제 시대의 서정시인인 퀸투스 호라티우스는 그가 쓴 시에서 다음과 같이 노래했다.

**우리가 말하는 동안에도 아까운 시간은 지나가고 있다오.**

**오늘을 잡으시오, 내일에 대한 믿음은 할 수만 있다면 접으시오.**

싯구에 나오는 "오늘을 잡으시오." 를 라틴어로 옮기면 "카르페 디엠(Carpe Diem)" 이다. 흔히 "현재를 충실하게 살아라, 현재를 마음껏 즐기라." 는 뜻으로 인용하곤 한다. 『성경』 전도서에도 비슷한 구절들이 있다.

**…… 짐승이 죽는 것 같이 사람도 죽으니 사람이 짐승보다 뛰어남이 없음은 모든 것이 헛됨이로다, 다 흙으로 말미암았으므로 다 흙으로 돌아가나니 다 한 곳으로 가거니와**

**–『성경』, 전도서 3장 19~20절**

**그러므로 나는 사람이 자기 일에 즐거워하는 것보다 더 나은 것이 없음을 보았나니 이는 그것이 그의 몫이기 때문이라.**

**–『성경』, 전도서 3장 22절**

『성경』 전도서의 3장 19~20절이 "메멘토 모리" 의 의미라면, 22절은 "카르페 디엠" 의 의미와 일맥상통한다.

"메멘토 모리, 카르페 디엠" 의 경구는 의사들에게도 의미심장하다. 의술의 발달로 수명 100세 시대가 점점 현실이 되어가고 있지만 그렇다고 인간이 죽음을 궁극적으로 멈출 수는 없다. 의사는 환자의 고통을 줄이고 건강한 삶의 기간을 늘려주기 위해 최선을 다할 뿐이다. 그렇기에 의사는 언젠가 다가올 죽음을 늘 의식하며 겸손하게, 또한 "카르페 디엠"의 자세로 성실하게 현재의 생명을 지키기 위해 노력해야 한다.

겸손함과 성실함!

이것이 의사가 갖춰야 할 "메멘토 모리, 카르페 디엠"의 자세가 아닐까 싶다.

## 3,000번째 수술도 첫 번째 수술에 임하는 자세로

아주 오래 전부터, 나는 핸드폰이 울리지 않으면 마음이 불안해진다. 아무 일도 일어나지 않는다는 것이 더 불길한 징후로 느껴지기 때문이다.

서울아산병원 신장이식 5,900례 중 내가 집도한 수술이 3,000례쯤 된다. "그럼 이젠 눈 감고도 할 수 있겠네요?" 묻는 이들도 있다. 물론 나의 대답은 "천만의 말씀"이다. 환자의 상태에 따라 그때그때 상황은 천차만별이다. 3,000명 환자마다의 상황이 다 다르기 때문에, 절대로 오만함을 가져선 안 된다. 언제 무슨 일이 발생할지 알 수 없다. 3,000번째 수술도 처음 임하는 수술인 것처럼, 늘 겸손한 자세로 최선을 다해야 한다.

경과가 좋든 나쁘든, 매일 열심히, 환자에게 최선을 다하다 보면 어려운 상황이 와도 해결 방안이 보인다. 그리고 환자가 어려운 상황일수록 (어렵다고 피하지 말고) 그의 곁에 붙어 있어야 한다. 오히려 그래야 마음이 편하다.

살아가는 일에는 적당한 자극이 필요하기도 하다. 과한 스트레스는 건강에도 좋지 않지만 적당한 스트레스는 때로 긍정적 자극이 된다.

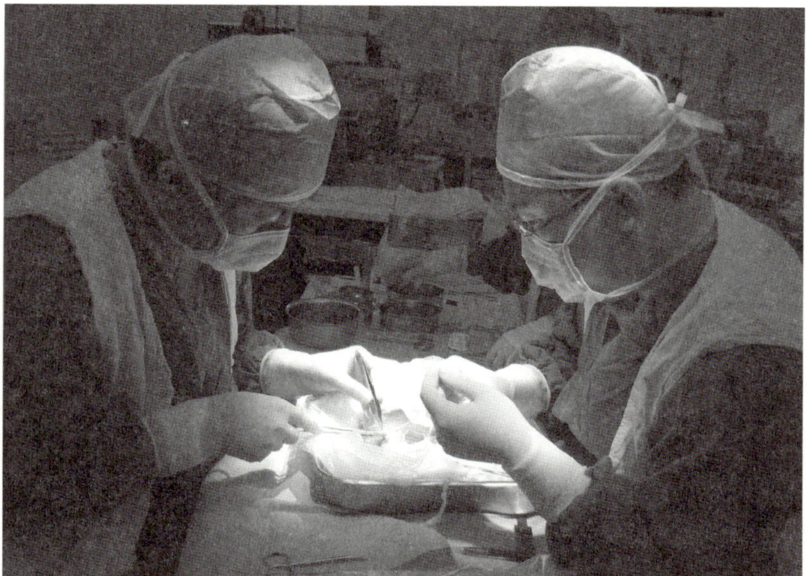

의사에게 가장 기쁜 순간, 보람이 느껴지는 순간은 환자들이 질병으로부터 해방되어 건강해지는 것을 볼 때이다.

의사로서의 삶을 살면서 더욱 느껴지는 것이 중환자를 치료하는 의사일수록 늘 겸손해야 한다는 것이다.

대개 암환자의 경우 5년, 아니면 초기 암인 경우 10년이 지나 재발하지 않으면 완치 선언을 한다. 그래서는 안 된다. 완치 판정 후 얼마 지나지 않아 다른 장기로 전이된 경우를 여러 번 보아왔다. 경솔하게 결과를 이야기하지 말자. 절대 완치를 장담하지 말자. 신중하게 경과를 지켜보고, 최선을 다해 점검해야 한다.

## 외과의사의 덕목 - 성실함, 연민, 체력, 동료 간 화합

나는 외과의사로서 갖춰야 할 현실적인 덕목으로 세 가지를 꼽곤 한다.

반복하는 말이지만 첫 번째로 중요한 것은 '성실성' 이다. 물론 재능이나 기술, 지식이 뛰어나면 더 좋겠지만 가장 중요한 것은 환자와 자기 자신에 대한 성실성이다. 환자의 상태를 잘 점검하고, 그에 맞는 처방을 고민하고, 자신의 담당 분야에 대해 늘 열심히 공부해야 한다.

두 번째는, 병에 걸려 몸과 마음이 힘든 사람을 대하는 직업이기 때문에 의사는 '환자에 대한 연민' 을 갖고 있어야 한다. 그런 마음이 없다면 환자를 치료하는 일이 힘들기만 할 것이다. 환자들의 목소리에 귀 기울여 그들이 필요로 하는 것은 물론 불평불만까지도 잘 받아들여야 한다. 여기 아프다, 저기 불편하다, 뭐가 어떠어떠하다는 이야기들을 지속적으로 반복해 듣다 보면 의사 스스로의 마음이 불편해질 수 있다. 우리는 도움을 주는 입장이기 때문에, 이러한 사항을 이해하고 받아들여 그에 맞는 처방과 처치를 할 수 있다면 완치에서 오는 기쁨으로 그것을 모두 보상받을 수 있다.

마지막으로 '체력' 이 중요하다. 특히 외과의사는 응급 수술 등 여러 돌발 상황이 많기 때문에 밤낮이 없는 직업이다. 또한 장시간 수술에 발이 묶이는 일이 잦아, 체력이 받쳐주지 않으면 버티기가 어렵다. 내가 매주 토요일 등산을 하는 이유에는 체력을 유지하기 위함도 있다.

하나 덧붙이자면 '동료 간의 화합' 을 꼽고 싶다. 특히 이식 수술은 팀으로 이루어지기 때문에, 상호 협력과 소통이 무엇보다 중요한 덕목이라 할 수 있다. 팀을 잘 이끌어나가는 리더십과 동료의식, 상대방을 배려하는 마음. 이런 것이 없으면 의사라는 직업은 물론 이식 분야는 선택하지 않는 것이 모두에게 나을 것이다.

## 힘든 일을 극복하는 방법 - 기도와 감사

의사에게 가장 기쁜 순간, 보람이 느껴지는 순간은 환자들이 질병으로부터 해방되어 건강해지는 것을 볼 때이다. 몸의 고통 때문에 마음마저 상해서 까칠해지고 꼬였던 언행들이 풀어지는 것을 보면 그렇게 고마울 수가 없다. 세상을 향해 쌓였던 불만들이, 의료진들의 성심을 다한 진료 덕분에 경과가 좋아지거나 완치되었을 때, 그로 인해 환자들의 마음이 밝게 활짝 열리는 것을 보면 의사로서 더욱 보람이 느껴진다.

반면에 의사로서 가장 안타까움을 느끼는 순간, 힘든 순간은 환자들의 예후가 좋지 않을 때이다. 이식 수술 후 경과가 좋았다가도 갑작스런 폐렴

이나 패혈증 등으로 상태가 악화되어 치료 중 돌아가시는 경우가 있다. 그럴 땐 가끔 이런 생각마저 든다. 비록 삶의 질은 좋지 않더라도 어떻게든 버티며 살아갈 수 있지 않았을까. 의사로서 환자의 질병 치료와 삶의 질 향상을 위해 이식 수술을 권했으나 오히려 좋지 않은 결과를 초래했을 때 가슴 속 깊이 스며드는 생각이다.

나는 기독교인이기에 대부분의 어렵고 힘든 고비마다 하나님의 말씀과 기도로써 그것을 극복하는 편이지만 때로 예상치 못한 곳에서 위로를 받을 때도 있다.

한 번은 이런 일이 있었다.

이식 수술은 성공적이었는데 면역억제제가 환자의 힘에 부쳐 폐렴으로 돌아가시고 만 경우였다. 갑작스런 비보를 가족에게 전해야 하는 상황에서 나는 몹시 안타깝고 난감한 마음을 감출 수 없었다.

중환자실로 내려가기 전, 부디 이 난관을 헤쳐가게 해달라고 기도했다. 그럼에도 나의 표정은 숨길 수 없었나보다. 환자의 오빠가 날 보더니 먼저 말을 꺼냈다.

“선생님 마음 제가 다 이해합니다. 어쩌겠어요. 최선을 다 해주셨으니 되었지요.”

그의 격려에 나도 모르게 눈물이 주르륵 흘렀다.

“선생님, 그동안 수고 많으셨습니다.” 라며, 돌아가신 분의 보호자가 얼마 후 선물을 들고 찾아와 인사를 건네는 경우도 이따금 있었다.

나라면 과연 그럴 수 있었을까. 그분들의 마음에 고개 숙여 감동과 감사의 인사를 드린다.

## 한덕종 교수님께 - 환자로부터의 편지

한덕종 교수님께

모든 사람들과 신들께 기도하며 빌었어요.

(이름도 모르는 그분께 감사하며 다음 생에 좋은 몸 받아 마음껏 행복을 누리라고요)

교수님! 또 한 번 감사합니다.

교수님! 제 아들은 날마다 맛있게 음식을 먹어야 할 때면 자기 살에 주사바늘을 찔러야 했고 하루건너 한 번씩 피를 거르는 모습을 보고 가슴이 찢기고 땅을 치며 통곡을 하고 싶어도 늠름한 척 태연한 척 22년을 살아 왔습니다.

물 한 모금 마음 놓고 마시지 못하고 음식을 먹을 때면 이것 빼고 저것 빼고 소변 한번 시원히 누지 못하고 사는 아들을 보면서 하루도 마음 편할 날 없이 가슴 조이면서 살아온 제 아들과 저를 이토록 행복하게 해주시다니요.

존경하는 교수님!

교수님의 손끝에서 얼마나 많은 새 생명이 태어날까요?

교수님 저는 병실에서 봤습니다.

수많은 사람들이 새 생명을 받아서 웃으며 퇴원하는 모습을…

저도 날마다 창밖을 바라보며 싱글싱글 웃고 있어요.

감사하는 마음으로 두서없는 말 몇 자 적어봤습니다.

교수님 늙지도 마시고 오래오래 건강하시고 더 많은 생명 구해 주십시오.

오○○ 어머니 올림

# 한덕종 교수님께 - 환자로부터의 편지

한덕종 교수님께

안녕하십니까? 3월 14일 첫 번째로 신장이식 수술대에 올랐던 정○○ 환자 아내 장○○입니다.

이제까지 길고 어둡고 암울했던 지난 일들이 그저 주마등처럼 뇌리를 스칩니다.

수술 전의 막연한 불안감, 좋지 않은 예후(주위 분들 말씀)… 그저 불안했습니다.

그러나 세계 제일의 이식 권위자이신 교수님께서 집도하시기에 모든 것을 의지할 수 있었습니다.

지금 수술 후 남편의 호전되어 가는 모습을 보면 그저… 감사의 눈물만 나올 뿐 입니다.

참으로 감사합니다.

한 가정의 꺼져가는 불씨를 다시 살려 주시고 희망을 주셔서 무엇으로 감사의 은혜를 다 갚아야 할지요…

항상 교수님의 안위를 위하여 기도하겠습니다.

늘 건강하시고 저희 같은 상황의 환자들에게 밝은 희망의 등불이 되셔서 영원히 비춰주시길 기도합니다.

다시 한 번 머리 숙여 깊은 감사의 인사를 지면으로나마 드립니다.

2012. 3. 18. 정○○환자 아내 장○○올림

제 3 장

# 신장이식과 췌장이식, 명의로 인정받다

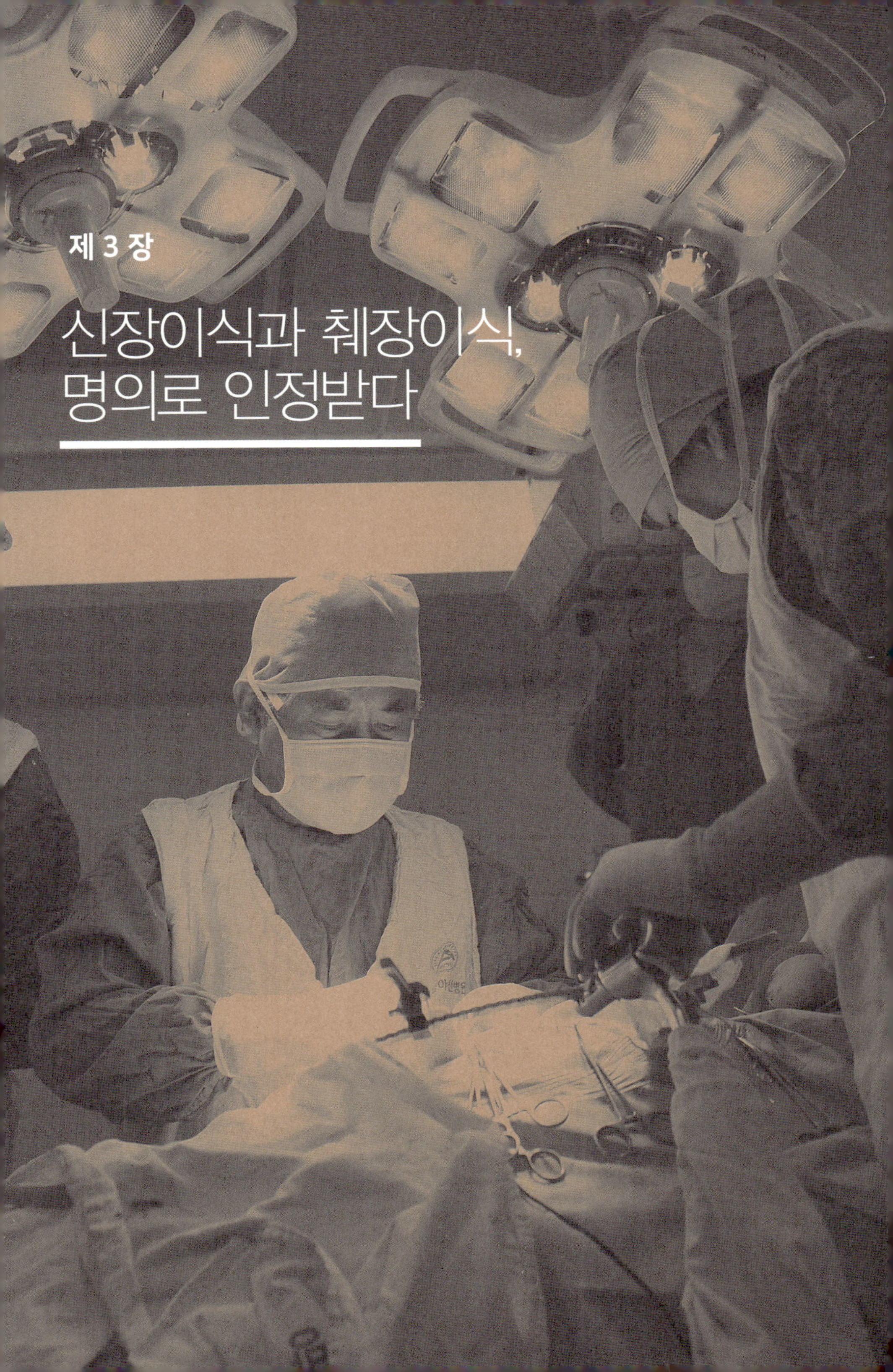

# 1
# 이식 수술 전문의가 되기까지

## 췌장암 수술, 신장이식, 췌장이식, 신·췌장 동시 이식으로

흔히들 장기이식을 '현대 의학의 꽃' 이라고 한다.

장기이식은 각종 난치병으로 꺼져가는 생명을 되살릴 수 있는 최후의 방법이기 때문이다. 1950년대 초 미국에서 신장이식이 처음 시행된 이래 의학계의 새로운 치료방법으로 떠오른 장기이식은, 국내에서는 1969년 신장이식을 시작으로 1988년 간이식, 1992년 췌장이식, 심장이식 등의 성공을 거치며 오늘에 이르렀다. 기존의 치료법으론 회복이 불가능한 말기 병증의 환자에게 장기이식은 꺼져가는 절망의 회로를 희망의 등불로 바꾸는 스위치와도 같았다.

1985년 6월 생체 신장이식을 시작으로, 1989년부터 뇌사자 공여 신장이식 수술, 1992년 1월 국내 최초 뇌사자 공여 신·췌장 동시 이식을 성공한 이래로 지금까지(2020년 6월 현재) 신장이식 5,900여 례, 췌장이식 470여 례의 기록을 매주 갱신 중이지만 처음부터 내가 이식 수술 분야의 전문의였던 것은 아니었다.

외과의사로서의 첫 발을 내디딘 뒤 진료실과 수술실에서 내가 만난 환자들은 췌장암, 만성신부전증, 당뇨병으로 인한 여러 합병증과 투석 등으로 극심한 고통에 시달리는 환자들이었다. 병환으로 그늘져 있는 그들의 얼굴에 미소를 돌려주기 위해서라도 나는 언제나 최선을 다하고 싶었다.

췌장암 수술과 신장이식 수술을 거쳐 췌장이식, 그리고 신·췌장 동시 이식으로 치료의 영역을 넓혀오는 동안 참으로 많은 환자들이 내 손을 붙잡았다.

"선생님, 잘 부탁드립니다."

힘겨운 수술을 잘 견디고 회복해가는 환자들을 보며 나는 늘 감사의 기도를 드렸다.

"고맙습니다."

사위어가던 불빛이 다시금 활활 타오르듯, 그들이 건강을 회복하고 일상생활을 되찾아 영위하는 것을 내 삶의 보람과 긍지로 여기며 여기까지 왔다. 짧다면 짧고, 길다면 긴 시간이었다.

## 제10회 아산의학상 수상

2017년 3월, 나는 아산사회복지재단(이사장 정몽준)에서 수여하는 '제10회 아산의학상(임상의학부문)' 수상자로 선정되었다.

국내 최초로 췌장이식에 성공하고 국내 최다 건수의 신장이식과 췌장이식 수술을 시행하며 다수의 연구 활동으로 국내 이식 환자들의 생존율을 세계적인 수준으로 높여, 환자의 건강 증진에 기여한 일에 대한 칭찬이라고 했다.

기쁨과 감사의 기분으로 나는 이런 생각을 해 보았다.

장기이식을 통해 새 삶을 찾은 환자들을 마주하다 보면 하루라도 빨리 더 많은 환자들을 고통에서 벗어나게 하고 싶었다. 그러다 보니 어느덧 '국내 최초', '국내 최다', '최고 명의' 라는 수식어를 얻게 된 것이다.

어쩌면 이 상은 그동안 병의 치료와 회복을 위해 나와 함께 노력하며 울고 웃었던 환자들이 보낸 성원이 아닐까.

오래 전 어느 인터뷰에서, 국내 최초 신·췌장이식 수술에 대한 질문에 이렇게 대답한 적이 있다.

"굉장히 긴장이 많이 되었습니다. 개인적으로도 그렇지만 국내에서 최초로 시도되는 수술이었으니까요. 꼭 성공하고 싶었고, 그만큼 부담감도 컸습니다. 환자와 보호자는 물론 주위의 스승과 동료, 선후배 등 많은 분들이 저의 손끝에 기대를 걸고 있었습니다. 첫 번째 수술이 잘 되어야 두 번째, 세 번째 수술을 활성화시킬 수 있고, 이후로 보다 많은 환자들이 이식 수술을 받을 수 있다고 생각했습니다."

장기이식을 통해 새 삶을 찾은 환자들을 마주하다 보면 하루라도 빨리 더 많은 환자들을 고통에서 벗어나게 하고 싶었다. 그들의 건강과 평온한 일상을 되찾아주고 싶었다. 췌장암 수술을 거쳐 신장이식에서부터 시작한 장기이식 수술의 경력이 췌장이식과 신·췌장 동시 이식으로 발전해 왔다. 그러다 보니 어느덧 '국내 최초' , '국내 최다' , '최고 명의' 라는 수식어를 얻게 된 것이다.

환자를 살린다는 의사의 본분을 지킨 결과일 뿐이기에, 나는 다만 이렇게 말하고 싶다.

장기이식은 희망을 이식하는 일이다.

생명에서 생명으로의 나눔의 기적이다.

2

# 신장이식 : 만성신부전증의 해법

## 만성 신부전증과 신장이식

신장(콩팥)은 체내에 쌓인 노폐물을 여과하여 몸 밖으로 배출하는 역할을 한다. 이로써 우리 몸의 혈액은 깨끗이 정화된다. 만성 신부전증은 당뇨병과 고혈압, 신장의 사구체 질환, 선천적 질환이나 약물 부작용 등 여러 원인에 의해 신장 기능이 떨어짐으로써 거의 모든 장기에 이상이 생기는 병이다. 치료 방법에는 복막 및 혈액 투석과 신장이식 수술이 있다.

신장이식은 다른 사람의 건강한 신장을 환자의 몸속에 이식하여 제 기능을 하도록 하는 외과적 수술방법으로, 1954년 미국 하버드 대학의 머레이 교수가 처음으로 성공한 이래 현재까지 전 세계적으로 시행되고 있다.

공여자는 뇌사자 기증과 생체 기증으로 나뉘며 생체 기증의 경우 배우자와 직계가족, 친척 및 순수 기증자로 제한된다. 신장은 우리 몸에 두 개가 있으므로 살아있는 사람이 한 개를 기증하더라도 공여자의 건강과 일상에는 큰 영향을 주지 않는다. 다만 고혈압이나 당뇨, 암 등의 질환이 있는 경우엔 기증할 수 없다.

지금까지 신장이식 6,000여 례를 집도해오면서, 기억에 남은 환자들이 너무 많지만 그중에서도 특별히 각인된 사람이 있다. 바로 1990년 1월, 뇌사자의 신장을 이식했다가 내가 살인죄로 기소당하기도 했던, 그 수술의 수여자인 김○○씨이다.

당시 나에 대한 구명운동을 펼치며 〈여성동아〉 에 기고했던 그녀의 수기는, 그녀가 얼마나 극심한 고통 속에 빠져 있다가 새 생명을 얻었는지, 그렇게 새로 시작한 삶에 얼마나 기뻐하고 감사하는지를 절절하게 말해주고 있다.

신장이식이야말로 만성 신부전증의 가장 확실한 치료법이며, 자신이 건강과 희망을 되찾을 수 있었던 건 장기를 기증한 뇌사자와 그것을 자기 몸속에 이식해준 의사 덕분이었음을 항변하고 있는 것이다.

30년이 지난 지금까지도 아내의 스크랩북에 보관되어 있는 그녀의 수기를 소개하며 신장이식의 중요성을 갈음한다. (기고 당시 환자의 요청으로 가명 사용)

**뇌사자의 신장을 이식받음으로써**
**뇌사 인정 여부 논란을 몰고 온 이선경 씨의 수기**

# 영혼이 죽은 자와 육신이 죽은 자가 만나 새 생명으로 태어나다

**"내게 생명을 준 '그분' 도 뇌사 인정을 원했을 것입니다."**

### 콩팥이 세 개 달린 여자

우스꽝스런 코미디 영화의 제목 같지만 지금 나의 처지는 그러하다.

얼굴도 모르는 한 남자의 콩팥이 내 몸 속에 들어와 있다.

그 콩팥은 요즈음 나의 몸에 적응하기 위해 그리고 나의 모든 생체조직이 그 콩팥과 타협하기 위해 고생하고 있다. 그래서 얼굴은 부석부석하고 양 볼은 사탕 문 사람처럼 불룩하다. 마스크 없이는 외출도 하지 않는다.

그래도 나처럼 행복한 사람이 있을까.

죽음의 늪을 건너본 사람만이 느낄 수 있는 생명의 고마움. 두 번 사는 인생의 복됨과 신비로움이 앞마당에 흐드러진 개나리꽃과도 같다.

### 오늘 (3월 18일)로 52일째

나는 지난 1월 25일 강동성심병원에서 신장이식 수술을 받은 가정주부다. 완전 소독된 방에서 이틀을 기다린 후 오전 11시께 수술실에 누웠다. 그로부터 마취에 들어가기까지 여덟 시간 동안 밖에서는 두 가지 움직임이 있었다.

하나는 같은 병(신부전증)을 가진 환자들이 나의 새로운 탄생을 기다리고 있었던 것이고 또 하나는 뇌사가 인정되지 않고 있는 우리나라 현실에서 신장이식 수술은 살인 행위에 해당된다는 논란이 일고 있었던 것이다.

나에게 신장을 주기로 한 남자는 교통사고로 뇌의 기능이 정지되어 있었지만 아직 생명의 실가닥이 한 올 남아 있었던 것이다.

이것은 생명 그 자체에 대한 논의이고 나의 생명이 귀중한 단큼 다른 사람의 생명도 존귀하므로 그 남자의 신장을 떼어내는 일이 옳다 그르다 판단하는 것은 내 영역을 벗어난 일이라고 생각했다. 때문에 나는 그저 눈을 감고 있었다. 살아 있는 남의 내장 하나를 내 몸에 옮겨 심어야 다시 살아날 수 있다는 내 처지가 가련하게 느껴질 뿐이었다.

### 이틀마다 피를 세탁하는 고통 '죽어야 낫는 병'

우리나라에서 통틀어 5,000명쯤 된다는 신부전증 환자들.

그것이 적은 숫자여서일까. 이 병처럼 사회의 인식이 부족한 분야도 드물 것이다. 심지어는 아버지, 어머니, 오빠… 혈육조차 그 번거로움과 고통에 대해서 무지하니까.

이틀에 한 번꼴로 반나절(정확하게 5시간)을 침대에 누워 온몸의 피를 남김없이 밖으로 빼내어서 기계로 세탁한 후(그것을 '인공투석' 이라고 한다) 다시 몸속으로 집어넣어야 하는 괴로움은 당사자만이 알 수 있는 고통이다.

그 피를 빼내고 집어넣는 주사바늘은 현존하는 주사바늘 중에서 가장 굵은 것이다. 그 주사바늘을 수용하기 위해서 왼쪽 손목의 정맥과 동맥을 이어주는 혈관수술이 필요했다. 경제적으로는 의료보험의 혜택을 받는다고 해도 한 달에 최소한 30만원의 경비가 들기 때문에 대부분이 중산층 이하인 환자들의 어깨가 무겁다.

인공투석기가 도입되기 전에는 이 병은 '죽어야 낫는 병' 이었다. 단지 그 '시한부' 가 한 달 후인지 몇 년 후인지 알 수 없었을 뿐이다. 인공투석기는 그 '시한부' 를 오래 연장시키는 역할을 한다. 그러니까 인공투석기도 우리에게 구세주는 아닌 것이다.

나는 둘째 아이를 가졌을 때 임신중독증으로 신장이 나빠졌다. 1982년 여름이었다. 아이를 낳고 혈뇨가 계속 나와 경북대학병원에 입원한 것이 그 길고 긴 투병생활의 시작이다. 혈압이 180이상 올라가고 얼굴이 부어올랐다.

그러나 그밖에는 특별한 증세도 없었고 고통도 없었다. 서울의 큰 대학병원에 가서 진찰을 받아보니 그저 매운 것, 짠 음식을 조심하라는 이야기뿐이었다. 4년 동안 약을 지어다 먹었다. 그러나 병은 깊어갔다. 음식 때문이었다. 맵고 짠 음식을 먹으면 숨이 턱에 차올랐다. 물을 몇 컵 들이킨 날에는 아예 앉아서 밤과 새벽을 보냈다. 약화된 신장이 물을 제대로 거르지 못하면 그 물이 폐에 고이기 때문에 똑바로 누울 수가 없었던 것이다.

한번은 수산시장에서 멍게를 좀 집어먹었다가 새벽 2시에 서울대학병원 응급실로 실려 간 적도 있다. 한 달에 한 번꼴로 3년간 서른 번쯤 응급실 신세를 져야만 했다.

1987년 8월, 할 수 없이 혈관수술을 받고 인공투석을 시작했다. 그해 6월 초부터 자지도 못했던 것이다. 이미 85년 봄 이래 부부생활을 못해왔던 처지였다. 그러나 나의 경우는 다른 환자들에 비해서 매우 양호했다. 외국인회사 부장인 남편의 경제력과 이해심이 든든한 지팡이였으니까.

잠자리를 갖지 못했지만 부부 사이의 어떤 균열도 나는 발견하지 못했다. 그 사람과 나와 두 딸의 일상은 여느 집의 그것보다 따사로웠다. 우리는 일요일마다 '자연 공부' 를 하러 남한산성으로 천지암으로 벽제로 싸돌아다녔다. 자동차 트렁크에는 항상 돗자리와 버너, 코펠, 쌀, 포충망이 들어 있었고 가는 길에 고기만 한두 근 사면 되었다. 국민학교에 막 들어간 큰딸아이가 모내기 모종밭을 가리키며 '물잔디가 예쁘다' 라고 하여 우리 부부를 놀라게 한 이후부터 생긴 주말행사였다. 시골 출신인 남편은 풀피리를 불어주기도 하며 세 여자를 즐겁게 해주었다.

나는 그런 남편에게 참 미안했다. 잠자리를 같이 못한 날로부터 만 3년이 지나갈 무렵 나는 주말마다 콘돔 2개씩을 남편의 양복 주머니에 넣어주기 시작했다. 의외로 남편은 큰 거부반응을 보이지 않았고 그 일은 일상이 되었다. 원래 골이 깊기로 소문난 내 성격은 그때부터 심한 우울증에 빠지기 시작했다.

### 남편의 새 여자 그리고 나의 자살 기도

나의 고향은 제주도 협제마을이다. 비양도가 마주 보이고 제주에서도 결이 곱기로 소문난 흰 모래가 푸른 파도와 어우러져 신비한 색깔을 만들어놓은 해변에서 소리를 지르며 자랐다.

외동딸인 나는 공부도 그럭저럭 한 편이어서 서울로 유학하여 대학을 다녔다. 전공은 경영학이었다. 그 당시에는 여학생이 희귀한 과여서 유별난 시선을 받았지만 나는 치마폭에 돌을 싸안고 다니며 데모하는 남학생을 도와주느라 속옷 보이는 줄도 몰랐던 '왈패' 였다.

결혼식 피로연에서 맥주를 열여섯 잔이나 마셔 시아버지를 놀라게 했던 나… 그 시아버지를 모시고 포장마차에 다니며 깔깔거리던 나… 그런 나는 껍데기만 남고 가슴속에 검은 구름이 내려앉기 시작했던 것이다.

모든 신장병 환자들이 공통적으로 갖고 있는 심한 우울증의 배경은 이 병이 아무리 노력해도 더 이상 개선되지 않고 죽는 날까지 투석을 해야 한다는 것에서 비롯된다. 여자 환자 10명 중 절반 이상이 남편과 시집식구로부터 이혼당하거나 이혼을 강요받고 있다.

본인도 몰랐다가 결혼 3개월 만에 신부전증 환자로 밝혀져 그때부터 '별거생활' 을 하고 있는 박 아주머니는 그런 경우의 대표적인 사람이다. 택시기사인 남편과 시집

식구들은 평생 병원신세를 져야 하는 아내와 며느리를 단호히 거부했다. 아마 경제적인 계산도 있었으리라.

박 아주머니는 나가줄 테니 이혼수속만은 밟지 말아달라고 애원했다. 혼자가 되면 의료보험 혜택을 받을 수 없기 때문이었다.

박 아주머니는 보따리장사를 한다. 프라이팬 몇 개를 들고 다니다가 철이 되면 김을 이고 온다. 그러면 나와 김 간호사는 한덕종, 박정식 두 과장님을 부추겨 햇김을 열심히 팔아주는 것이다. 병실을 순회하며 팔다가 남으면 집에 갖고 가 아파트 사람들에게 팔았다. 박 아주머니는 오방떡 굽는 기계와 수레 하나만 장만해도 생활이 좀 펴질 거라고 늘 말하곤 했다.

박 아주머니 같은 사람보다 행복하다고 느껴왔던 나도 별 수 없었다. 1988년 4월 나는 남편에게 '별거' 를 종용했다. 그때만 해도 나는 어떤 의미에서 '베푸는 사람' 이었다. 남편을 자유롭게 해주어야 하겠다는 생각이 나를 넉넉하게 했다. 남편이 무슨 소리냐며 언성을 높였을 때 '당신이 나가지 않으면 내가 나가겠다' 고 말했다.

남편은 주말마다 아이를 데리러 오마며 나갔다. 그리고 보너스를 제외한 월급 전액을 매달 내 통장에 넣어주었다. 나는 남편이 아이들을 데리러 오는 토요일엔 아예 집을 비웠다. 병원에서 투석을 마치고 나면 예전에 '자연 공부' 하러 다녔던 남한산성이나 벽제에 들러 시간을 보내는 것으로 외로움을 달랬다.

내가 다른 비참한 운명의 여인들과 하나 다를 바 없다는 사실을 깨닫게 되기까지에는 그리 오랜 시간이 걸리지 않았다. 떨어져 살기 시작한 지 5개월쯤 지났을까, 일요일 밤에 돌아온 두 딸아이의 모습이 전과 달랐다. 옷차림이 달라진 것은 그 사람이 가끔 새 옷을 사 입히기 때문에 새삼스러운 일이 아니었지만 목욕한 얼굴에 새로 빗질한 머리 모양은 전혀 남편의 솜씨일 수 없었기 때문이다.

"엄마, 아빠한테는 아빠를 돌봐주는 언니가 있어."

떠나보낼 때 그래도 1~2년은 버티어줄 줄 알았었다. 그런데 반년도 안 되어서 새 여자라니, 토요일이 오면 아이들을 남편과 새 여자에게 보낼 생각에 머리가 터질 것만 같았다.

그러나 새 여자가 아이들에게 쏟는 정성이 눈에 보이고 아이들도 별로 싫어하는 눈치가 아니어서 '내가 한쪽 무릎을 마저 꺾어버리면 된다' 는 마음으로 참았다. 그러다 보니 남편의 새 여자가 내 아이들을 싫어하고 귀찮아하지 않는 것만도 다행이란 생각이 들었다.

그러나 지난해 12월 초, 나는 더 이상 견딜 수 없게 되었다. 남편이 아이들을 '아주' 달라고 했다. 내가 거부하면 '법에 호소' 할 것이고 그럴 경우 '당신이 지게 되어 있다' 는 말까지 했다.

번민의 밤이 며칠간 계속 되었고 나는 내 사정을 아는 몇 안 되는 친구들과 상의를 하기도 했다.

그때까지 친정 부모님과 오빠는 내가 남편과 별거중이라는 사실조차 몰랐으므로 어머니 무릎에 파묻힐 수도 없었다. 친구들은 "주면 안 된다.", "딸아이들이니까 주어도 나중에 돌아온다." 는 등 이런저런 이야기를 해주었으나 별로 귀에 들어오지 않았다.

가톨릭 신자인 나는 그때 참으로 경망스러운 죄를 저질렀다. 약을 먹고 죽기로 한 것이었다. 새벽에 꿈자리가 이상했다며 달려와 문을 두드려본 친구가 아니었다면 나는 그날 죽었다. 응급실에서 이틀 만에 눈을 떴다.

퇴원한 나는 그냥 멍청했다. 아무 생각도 들지 않았다. 이 세상에 내가 판단할 일이라고는 아무것도 없었다. 그때 거짓말처럼 아이들이 돌아왔다. 보낸 지 일주일 만이었다.

아이들이 밥을 거르며 울어대는 바람에 그 사람도 더 이상 견딜 수 없었던 모양이었다.

남편은 "큰아이 중학교 갈 때까지만 맡아다오." 라며 돌아갔다. 아이들은 자기들이 떠나올 때 "아빠가 울더라." 고 전해 주었다. 나와 딸들과 그 사람이 흘린 눈물은 다 같은 것일까, 제각기 틀린 것일까….

### 신장이식 수술로 7년 만에 먹어보는 '국'

나는 급히 짐을 챙겨서 아이들과 함께 고향으로 내려왔다. 어머니는 많이 우시고 아버지는 많이 참으셨다. 오빠는 앞일을 걱정했다. 그러나 나는 아이들을 품에 안고 온 것만으로도 행복했다.

그런 내가 "신장을 기증하겠다는 사람이 있으니 빨리 상경하라" 는 소식을 들은 것은 고향에 온 지 3일 만이었다. 꿈만 같았다.

수술을 기다리면서 이제는 주사바늘 자국으로 온통 퍼렇게 죽어버린 왼팔을 들여다보았다. 한여름에도 긴 소매 셔츠를 입고 다녀야 했던 내 왼팔에 더 이상 주사를 꽂지 않아도 될 것인가. 나의 신장이식 수술을 자신들의 미래와 연관 지어 보며 수술실 밖을 서성이고 있는 저 할머니와 박 아주머니와….

그리고 나에게는 목숨에 대해서 다시 생각해 볼 수 있는 시간이었다.

나에게 자기 신체의 일부를 기증해 주겠다고 한 그 남자는 어떻게 생긴 남자일까. 그는 어떤 삶을 살다가 이렇게 세상을 황망하게 떠나가는가. 나는 그의 신장을 잘 수용할 수 있을까. 하나님의 뜻은 과연 어느 쪽일까. 뇌사를 인정하는 것일까, 아니면 생명의 실가닥 하나가 완전히 기능을 정지할 때까지 그 인간은 신의 창조물로서 권리를 갖는 것일까.

결국 나는 다시 살아났다. 어느 정도 회복된 후 밥과 낙지볶음을 먹을 수 있게 되었을 때, 나는 밥그릇에 눈물을 뚝뚝 떨어뜨렸다. 그리고 실로 7년 만에 국을 먹을 수 있게 되었다. '마음 놓고 물을 마셔도 좋다' 는 소리를 들었을 때 그것은 차라리 환청이었다. 나는 하루에 캔 음료수를 다섯 개나 마셔도 되고 꼬리곰탕을 먹어도 괜찮은 사람이 되었다.

신장병 환자들은 주사바늘과 싸우면서 또 한편으로는 음식물과 싸워야 한다. 한여름에도 물 한 모금 마음 놓고 마실 수 없는 고통은 고문이나 다름없다. 하루에 소변으로 배출하는 양보다 더 많이 마시면 그만큼 몸이 붓는다. 나는 아침에 한번 마시는 150cc 가량의 물로 그날그날을 버티며 2년 6개월을 살았다. 무더울 때는 얼음 한 조각을 입안에 넣고 굴리며 갈증과 싸웠다. 아침 식사는 바싹 구운 식빵이나 비스킷이었다. 그럴 때마다 흰 우유를 벌컥벌컥 들이켜고 싶은 충동과 싸워야 했다.

신장병 환자들은 '헤파린' 이란 의약품 때문에 특히 몸을 조심해야 한다. 이 약성분은 투석할 때 피가 잘 흐르도록 튜브에 몇 방울씩 떨어뜨리는 것으로 투석한 다음 날 오전까지 약효를 발휘한다. 그 기간 안에 어디 긁히거나 해서 피가 나면 멈출 도리가 없다. 이빨을 치료받고 싶어도 마음대로 치과에 갈 수 없는 것이 신장병 환자이다.

### '나의 행복' 이 신장병으로 고통 받는 이들에게 확산되기를…

이제 나는 그러한 모든 고통들로부터 해방되었다. 생선회와 꼬리곰탕을 많이 먹어서 몸무게가 6kg이나 늘었다. 딸애들 앞일을 생각하면 답답하지만 그것은 그동안 함께 치료 받아온 동료들을 생각할 때에 비하면 사소한 문제일 뿐이다.

화살촉 같은 주사바늘을 꽂고 누워서 세상 사는 이야기를 함께 나누던 동료들. 이제 그들과 나는 다르다. 그들은 나락에 있고 나는 갈매기처럼 바다 위를 난다. 그러나 나는 나의 행복이 확산되기를 간절히 기원한다. 그것이 나를 두 번 살게 해주신 주님의 뜻이라고 믿는다.

하지만 뇌사가 현재 법적으로 인정받지 못하고 있는 상태에서 나의 수술 성공은 나 한 사람의 행복으로 제한되고 만다. 또 나의 신장이식 수술이 크게 보도되면서 뇌사 문제가 전에 없는 파장을 불러일으키게 되자 모든 신장병 환자들은 자기의 생명줄을 처마에 매달아놓고 사회의 여론과 관계기관의 '조치'를 기다리고 있는 실정이다.

만약 뇌사가 인정되지 않는다면 그것은 많은 신장병 환자들에게 죽음 그 자체로 받아들여질 것이다. 나는 이 사회가 그러한 대량 간접살인을 용인하리라고 생각하지 않는다.

그리고 한덕종 과장님, 열일곱 명이나 되는 신장병 환자들에게 새 삶을 심어주신 선생님께서 '살인죄'로 기소될지도 모른다고 하는 소리를 들었을 때, 나는 이 사회가 한 과장님이 살인죄의 너울을 쓰도록 방치하지는 않을 것이라고 감히 믿는다. 그러나 양심의 지시와 사람의 법 사이에서 고통 받고 계시는 한 과장님을 생각하면 마음이 괴롭다.

며칠 전에 나는 생각을 가다듬어 보사부 장관과 검찰총장, 신문사 편집국장 같은 높은 분들에게 진정서를 보냈다.

"…부디 불행한 이웃의 고통을 외면하지 말아주세요. 어찌되었던 이번 일로 폐를 끼쳐드려 죄송하기 그지없습니다. 더구나 생명의 가치를 누구보다 소중히 여기시는 담당의사 선생님이 저의 수술 건으로 괴로워하시는 모습을 보면 제가 괜히 수술을 받았구나 하는 생각도 듭니다. 선생님의 배려가 음지에서 시들어가고 있는 저희들에게 태양이 될 것입니다. 선생님, 저희들도 따뜻한 양지에서 해바라기가 되게 해주세요." □

※ 이 글은 본인의 요청으로 가명을 사용했음을 밝혀둡니다.

**뇌사 상태 환자의 신장을 이식받은 이선경(가명) 씨의 사건을 계기로 보사부는 지난 3월13일 대한의학협회에 뇌사의 정의와 판정 기준안을 마련, 건의해줄 것을 요청함으로써 뇌사 인정 입법 추진을 시사하고 있다. 현재 미국·프랑스·이탈리아 등 세계 13개국에서 뇌사가 법률적으로 인정되고 있는 상태.**

**의협은 '외부 자극에 전혀 반응이 없는 깊은 혼수상태, 호흡이 돌아오지 않는 자발적 호흡 정지 상태, 뇌간의 반사기능 완전 소실, 두 눈의 동공이 확대 고정된 상태' 등 8개 기준을 뇌사로 정의하고 있다.**

〈여성동아〉 1990년 3월호

장기기증의 기본 원칙은 공여자와 수여자 간 혈액형과 조직이 일치하여 조직적합성 교차반응 검사에서 거부반응이 나타나지 않아야 한다는 것이다.

그러나 서울아산병원에서는 2009년 첫 혈액형 부적합 신장이식을 시행하면서 이러한 원칙으로부터 자유로워졌다. 수술 전 환자에게 면역억제제를 투여하고 혈장교환술 등의 처치를 함으로써 가능해진 것이다.

2009년 2월 만성 신부전증을 앓고 있는 30대 여성(B형)에 대한 40대 언니(AB형)의 신장이식을 시작으로, 2012년 2월 남동생의 신장을 이식받은 아랍에미리트 환자와 그해 4월 아버지의 신장과 췌장을 이식받은 러시아의 환자들이 차례로 혈액형 부적합 장기이식에 성공하였다.

아랍에미리트에서 건너온 파티마의 경우는 미국의 의료진들조차도 손을 놓을 수밖에 없었던 고위험군 환자였다. 하지만 우리 팀에서는 그녀에게 혈장교환술과 면역억제제 주입 등으로 노력을 기울인 끝에 마침내 성공적인 수술을 이뤄낼 수 있었다.

러시아에서 온 부녀의 경우는 딸에게 아버지의 신장을 이식하러 왔다가 신·췌장을 동시에 이식함으로써 당뇨병을 완치하게 된 사례였다. 수술 전에는 당뇨 수치가 정상인보다 6배 정도 높은 680㎎/㎗이었는데, 이식 이후 정상 수치인 110㎎/㎗을 회복하여 인슐린을 끊을 수 있었다.

## 장기이식은 몸과 마음을 나누는 일

장기이식을 현대의학의 꽃이라고 하지만, 아이러니하게도 그것은 의술만으로는 불가능한 일이기도 하다. 생명에서 생명으로의 '나눔' 이 전제되어야 하기 때문이다. 나의 장기가 다른 사람의 몸속으로 옮겨가고, 다른 이의 장기가 내 몸속에서 건강한 활동을 이어가는 것임을 생각할 때, 한편으로는 안타까운 사례들이 존재한다.

연애시절 남자친구에게 신장을 기증하려고 했지만 부모님의 극심한 반대 때문에 수술을 미루다가, 마침내 결혼 후 신장이식에 성공하였으나 얼마 지나지 않아 이혼한 부부의 경우가 그렇다. 사람 사이의 관계가 가깝다가도 멀어지는 것에는 나름의 사정이 있겠으나, 나눔으로써 하나가 되었던 신장이 영영 이별하게 되고 만 상황이 내게는 씁쓸한 기억으로 남았다.

그럼에도 대부분 가족 간 이식이라는 따뜻한 나눔은 환자에게 새로운 삶과 건강을 선물하는 경우가 많다.

최근에는 무려 세 명의 가족으로부터 신장을 이식받은 사람이 있다.

40대 남성인 그 환자는 처음엔 아버지의 신장을 이식받았다. 그런데 수술 이후 거부반응이 너무 심해서 버티기가 어려울 정도가 되고 말았다. 두 번째로 환자의 여동생이 자신의 신장을 주겠다고 나섰다. 하지만 결과는 마찬가지였다. 남매의 힘겨운 모습을 보다 못한 또 다른 여동생이 오빠의 세 번째 신장이식을 위해 손을 내밀었다. 홍콩에 거주 중인 그 여동생은 이후로 수차례 한국을 오가야 했다. 수술 전날 환자의 체온이 다소 높게 측정되는 바람에 수술일정을 취소하고 2주 뒤로 미뤄야 했기 때문이다. 다음에는 다행히 정상적인 컨디션을 유지했기에 안심하고 수술실로 들어갔는데, 그의 체온이 다시 37.5도로 올랐다. 아마도 거듭되는 수술에 대한 부담감과 긴장감 때문이었으리라. 어쩔 수 없이 수술 일정을 다시 며칠 뒤로 미루게 되었지만 여동생은 미소를 잃지 않았다.

위의 경우 외에도, 제1장에서 소개했듯이 만성신부전증 환자였던 축구코치에게 신장을 이식해준 그의 아버지와 세 명의 삼촌들처럼, 가족 간 이식으로 생명의 희망을 심어주는 사람들이 적지 않다.

당뇨 합병증으로 왼쪽 발목 아래를 절단하고 혈관질환마저 앓고 있던 70대 남성 환자의 경우도 그러한 케이스였다. 만성신부전증 환자였던 그는 73세 때 본원에서 한 차례 신장이식을 받은 경험이 있었다. 그런데 무슨 까닭인지 3~4년 쯤 지난 뒤에 신장이 다시 망가졌고, 그는 재이식을 원했다. 다시금 시작된 투석생활을 견디기 힘들다며 호소했지만 서울의 여러 대학병원에서는 이를 받아주지 않았다. 이미 78세의 고령인 데다 여러 가지 질환들 때문에 최악의 경우 사망에까지 이를 수 있다고 했다. 또다시 그는 서울아산병원을 찾아왔고, 자신의 상황을 설명하며 이식 수술이 가능한지를 물었다. 우리 팀은 신중하게 여러 가지 검사를 시행하였고, 환자와 가족 간 생체 이식 수술에 성공했다. 현재 그는 건강한 컨디션을 유지하며 편안한 일상을 영위 중이다.

이처럼 생체 이식은 주로 가족 간에 이루어진다. 거부반응 때문이든 관리 소홀이 문제가 되었든, 이식과 건강 회복이 한번으로 해결되지 않으면 안타깝기도 하지만 한국사회 특유의 이러한 가족애에는 마음이 따뜻해진다.

# 3
# 췌장이식 :
# 당뇨병 완치에 이르는 길

## 인슐린과 당뇨

우리 몸속 장기 중 하나인 췌장에서는 소화액인 췌액과 혈당 조절 호르몬인 인슐린 및 글루카곤이 분비된다. 이중에서도 인슐린은 혈액 내 포도당의 농도를 일정하게 유지시키는 역할을 하는데, 그 기능이 정상적이지 못하거나 분비되는 양이 부족할 경우 혈중 당의 농도가 높아지게 된다. 당뇨병은 이러한 고혈당 때문에 생기는 질환으로서 혈관 및 다른 장기에 많은 합병증을 불러일으킨다.

과다한 당분으로 걸쭉해진 피는 혈관 벽에 쌓이며 혈액의 통로를 좁히거나, 막거나, 딱딱해지게 한다. 이로 인한 합병증은 통로가 좁은 혈관에서부터 시작되는데, 우리 몸의 가장자리에 있는 미세혈관에 원활한 혈액공급이 이루어지지 않음으로써 시력 장애, 감각 이상, 손발 저림, 운동장애 현상 등이 먼저 나타난다. 나아가 신장이 제 기능을 잃어 만성신부전증으로 이어지고, 굵은 혈관으로 문제가 퍼지면 동맥경화와 심근경색에까지 이를 수 있다.

## 그렇다면, 당뇨병은 완치될 수 없을까?

당뇨병은 대부분 췌장에서 인슐린이 제대로 분비되지 않아 정상적인 기능을 하지 못하거나 분비된 인슐린의 작용이 떨어져서 생기는 병이다. 하루에 필요한 인슐린 양의 조절뿐 아니라, 적절히 분비되는 인슐린의 기능 또한 중요하기 때문에, 인슐린 분비를 돕는 약물을 복용한다든지 인공적으로 인슐린을 투여하는 방법만으로는 당뇨병 치료에 한계가 있다. 더구나 이러한 방법으로 인해 발생하는 저혈당과 합병증은 생명을 위협할 정도로 치명적일 수 있다.

당뇨병의 근본 치료법이자 완치에 도달할 수 있는 방법은, 기능이 떨어진 췌장의 역할을 대신 해줄 수 있는 건강한 췌장을 이식해주는 것뿐이다. 다시 말해, 췌장이식을 통한 당뇨병 완치의 개념은 만성 신부전증 환자가 신장을 이식받음으로써 완쾌되는 것과 같은 맥락이라고 할 수 있다.

이러한 췌장이식의 역사를 살펴보면 1966년 미국 미네소타 대학의 릴리하이 교수팀이 세계 최초로 성공한 이후 1977년 같은 대학 외과의 데이빗드 서덜랜드 교수가 당뇨병과 관련한 췌장이식 수술을 활성화시켰으며 현재까지 전 세계적으로 시행되고 있다.

한국에서는 1992년 국내 최초로 서울아산병원에서 우리 팀이 뇌사자 신·췌장 동시 이식을 시행한 이후 같은 해 췌장 단독 이식, 2005년 생체 췌장이식, 2006년 생체 신·췌장 동시 이식에 성공하였다.

## 췌장 단독 이식과 신장·췌장 동시 이식

당뇨병 완치를 위한 해법은 신·췌장 동시 이식에 있다. 신장기능이 떨어져도 투석을 받고있지 않으면 현행법상 동시 이식은 불가능하며, 현실적으로 기증자를 찾는 과정에서 오랜 시간을 기다려야 한다. 그 때문에 다행히 가족내에 신장 기증자가 있는 경우, 신장이식 후 췌장이식으로까지 가는 번거로움을 겪어야 한다.

이러한 문제점의 대안으로 초기 췌장 단독 이식이 있다. 초기 췌장 단독 이식의 장점으로는 당뇨병의 3대 합병증인 '망막변성, 신경합병증, 신부전증' 이라는 문제를 해결할 수 있다는 것이다. 위의 합병증이 많이 진행되었을 경우에는 사실 신·췌장 동시 이식을 하더라도 결과가 드라마틱하게 좋아지긴 어렵다.

1992년 국내 최초 뇌사자 공여 신·췌장 동시 이식에 성공한 신○○ 씨의 경우가 그러하다. 환자는 당시 30대 초반의 나이에, 제1형 당뇨 후유증으로 신부전증을 앓고 있었다. 인슐린 주사와 투석 치료를 병행하였지만 시력을 거의 잃어 빛과 어둠만 간신히 구분할 수 있는 상태였다. 다행히 수술 후 환자의 신장과 췌장은 제 기능을 회복했고 당뇨병도 치료되었지만, 망막 손상으로 인한 시력 상실은 복원할 수 없었다. 따라서 당뇨병에서의 췌장이식은 이러한 합병증이 발생하기 전 초기에 시행하는 것이 바람직하다.

태어난 지 2년 만에 제1형 당뇨병이 발생하여, 하루 두 번씩 인슐린 주사를 맞아야 했던 소년이 있다. 소아당뇨는 성인당뇨와 달리 당뇨약을 복용해도 효과가 없어 평생 인슐린 주사를 맞아야 한다. 혈당조절이 어렵고 합병증도 성인당뇨보다 훨씬 빨리 찾아와 혈당관리를 엄격하게 하지 않으면 중년을 넘기기 힘든 무서운 질환이다. 그러나 이제 그는 지긋지긋한 인슐린 주사를 맞지 않아도 되고 과자나 사탕도 마음껏 먹을 수 있다. 그가 열일곱 살이 되던 해, 췌장이식에 성공한 덕분이었다. 췌장이식 수술은 혈당조절이 잘 되지 않거나 합병증이 나타나기 시작한 소아당뇨 환자에게 가장 효과적인 치료법이다.

## 췌장 도세포 이식

췌장이식은 뇌사자로부터의 전체 췌장이식과 생체로부터의 부분 췌장이식이 모두 가능하며, 이 외에도 췌장의 도세포를 추출하여 혈관으로 주입하는 췌장 도세포 이식 방법이 있다.

췌장 도세포란 인슐린을 분비하는 세포이며, 이러한 세포를 환자의 몸에 이식함으로써 당뇨병의 근본적인 문제점을 해결하여 완치에 이르게 한다.

췌장 도세포 이식의 장점은, 수술방법이 비교적 간편하고 수술시간이 짧아 환자에게 부담이 덜하다는 것을 꼽을 수 있다. 또한 분리된 췌장 도세포는 체외에서 장시간 보관이 가능하기 때문에, 이식 전 면역반응을 줄이는 처치로써 이식 후의 거부반응을 줄일 수 있고, 세포 증식을 통해 한 사람의 공여자로부터 얻은 도세포를 여러 수여자에게 나눌 수도 있다.

조금 이상하게 들리겠지만 나는 주로 낮에는 신장이식 수술을 하고,

췌장이식 수술은 주로 밤에 시행한다. 그 이유는 이렇다. 췌장이식은 대부분 뇌사자 공여로 이루어지므로 기증자의 수술이 저녁에 시행됨에 따라 밤 수술이 잦은 것이다.

# 4
# 거룩한 나눔, 사랑의 치유

2009년 7월, 여름의 한가운데에서 삼십대 남성이 새 삶의 출발선 앞에 섰다. 앞으로 여덟 시간 뒤면, 누나의 신장과 췌장을 이식받은 몸으로 그동안 시달렸던 병증에서 해방될 예정이었다. 서른다섯의 젊은 나이에 당뇨병을 앓고 있던 박○○씨가 그 주인공이었다. 그의 사연은 한 달 뒤 MBC 의학 다큐멘터리 〈닥터스〉를 통해 방영되며 많은 사람의 가슴에 감동을 새겨 넣었다.

## 아름다운 청춘, 가혹한 질병

박○○씨는 열아홉 살, 아름다운 청춘의 나이에 소아당뇨라는 청천벽력 같은 진단을 받았다. 췌장이 제 기능을 하지 못하여 당뇨 합병증으로 신장에까지 문제가 퍼지고 있었다. 간신히 약물 치료로 버텨왔지만 그마저도 한계가 와서 부종과 빈혈이 심했고, 시력은 점점 떨어졌고, 밤낮으로 구토증에 시달렸으며, 무더위에도 긴팔 옷에 전기장판 신세를 져야 했다. '망막변성, 신경합병증, 신기능부전' 등의 3대 합병증이 모두 나타난 것이었다.

환자를 돌보는 어머니는 지난 날 뇌졸중으로 쓰러져 후유증을 앓고 있었고, 그로 인해 병원 치료에 대한 두려움이 큰 상태였다. 때문에 검증되지 않은 의료 보조기에 의지하는 등 온갖 민간요법을 동원하며 아픈 아들의 병을 치료하려고 했다.

그러나 박○○씨의 건강은 점점 나빠지기만 했다. 회사에 다닐 수도, 친구를 만날 수도, 심지어 편히 밥을 먹거나 잠을 잘 수도 없는 일상이 그에게는 너무나 가혹한 현실이 되고 말았다.

혼자서는 아무것도 할 수 없을 정도로 힘든 나날을 보내고 있던 그에게 마침내 구세주가 나타났다. 아버지와 두 명의 누나가 자신들의 신장과 췌장을 나누겠다고 나선 것이다.

## 동생을 위해 몸을 나누다

박○○씨의 심각한 병증에 대한 근본적인 치료법은 신장과 췌장을 이식하는 것뿐이었다.

가족들은 어머니 몰래 서울아산병원으로 향했고, 모두 간절한 마음으로 이식 적합성 검사를 받았다. 그 결과 연로한 아버지와 신장 기능이 약한 큰누나는 부적합 판정을 받았고 둘째누나가 장기기증 적합자로 결정되었다. 놀랍게도 오누이는 혈액형은 물론 조직적합성이 마치 쌍둥이처럼 100% 일치했다.

더는 지체할 수 없는 상황에서 어머니를 설득하는 일만 남았다. 하지만 그녀는 완강했다. 어머니의 반대를 꺾을 수 없었던 그들은 급기야 단순 검사를 받기 위해서라며, 거짓으로 그녀를 안심시키고 짐을 꾸려 서울로 올라왔다.

마침내 입원실을 배정받고 이런저런 검사가 마무리되었지만, 박○○씨의 마음은 편치 않았다. 한 사람의 아내이자 두 딸의 엄마인 누나의 몸에서 2개의 장기를 떼어 온다는 생각을 하니, 미안함과 걱정이 점점 커져갔던 것이다.

"두려워요. 누나가 준다고 해도 기꺼이 받기가 어렵네요. 내 몸이 편해지고 고통이 사라지겠지만, 앞날이라는 건 장담 못하잖아요."

방송 화면을 통해 그의 어두운 얼굴이 클로즈업 됐다.

이윽고 수술이 하루 앞으로 다가왔다. 그날 밤 박○○씨가 누나의 병실을 찾았다.

누나는 동생의 수척한 얼굴을 살피며 걱정스럽게 물었다.

"불안하니?"

"그렇지 뭐."

"왜? 수술 잘 될 건데 뭐가 불안해."

박○○씨는 누나의 따뜻한 목소리를 들으며 깜깜한 창밖을 내다보았다.

"너랑 나랑 입장이 바뀌었다고 생각해 봐. 내가 투병 중이어서 이식이 필요한 상황이라면, 너도 누나처럼 망설이지 않고 이런 결심을 했을 거야. 누난 그렇게 믿어. 그렇지 않니?"

그가 천천히 고개를 끄덕였다.

"정말 그럴 거라고 생각해."

누나는 동생의 손을 꼭 잡았다.

"그동안 고생 많았어, ○○아. 진짜, 누나가 너 보면서 얼마나 안타까웠는지 몰라."

울먹이며 말하는 누나를 바라보며, 동생의 눈에선 눈물이 흘러내렸다.

"고마워 누나."

"고맙긴 뭐가 고마워. 그저 옆에서 지켜볼 수밖에 없다는 게 얼마나 마음 아팠는데…. 이제 우린 다시 시작하는 거야. 고맙단 이야기는 지금 하지 마."

동생의 손길을 쓰다듬던 누나가 그의 어깨를 두드리며 흐느꼈다.

"고맙다는 얘기는, 나중에…"

동생은 누나의 품에 안겨 울음을 터트렸다.

"울지 마. 내 동생…."

누나에게 하고 싶은 말이 많았던 박○○씨는 한동안 그렇게 울기만 했다. 이심전심이라고, 무슨 말이 더 필요할까. 누나는 고개를 끄덕이며 동생의 등을 하염없이 쓸어내릴 뿐이었다.

두 주인공에게 새 아침이 밝았다.

여덟 시간에 걸친 수술은 성공적이었다. 누나의 건강한 신장과 췌장 일부가 박○○씨의 몸속에서 힘차게 뛰기 시작했다.

마취에서 깨어난 누나의 첫 마디는 동생의 이름을 부르는 것이었다.

동생도 마찬가지였다. 아픔과 기쁨을 동시에 느끼며 그는 애타게 주변을 두리번거렸다.

"누나, 우리 누난 어디 있어요?"

## 거룩한 나눔과 사랑이 치유로

수술 후 박○○씨는 인슐린을 끊었고 여러 가지 합병증으로부터 자유로워졌다. 식사와 잠자리도 편안하고 더는 구토증 때문에 차에서 내리거나 잠에서 깨어나지 않는다. 회사생활은 물론 친구들을 만나거나 취미생활을 하는 데에도 아무런 문제가 없는 일상을 누리고 있다. 거룩한 나눔과 사랑이 치유로 이어져 건강한 삶으로 보답을 받은 것이다.

장기이식을 '현대 의학의 꽃' 이라고 말한다. 그것은 수술실에서만 피어나는 꽃은 아닐 것이다. 다른 생명을 구하려는 인간의 아름다운 마음이 없다면 의학기술이 아무리 발전해도 그 꽃은 피어날 수 없다. 그렇기에 장기이식이라는 '현대 의학의 꽃' 은 수술실 이전에 누군가의 소중한 마음에서 먼저 피어나는 것이다.

나는 이따금, 아니 자주 감동한다.

자신의 몸을 나누어 하나의 생(生)을 다시 일으켜 세우는 인간의 선한 마음에 대하여.

예수님이 십자가에서 자신을 몸소 희생해 온 인류를 구원하였듯이 사람들 마음에도 기적은 항상 일어나고 있는 것이다. 그 거룩한 마음과 사랑은, 아무리 생각해도 생명이 행할 수 있는 최고의 기적이라고 밖에 달리 설명할 수가 없다.

# 한덕종 교수님께 - 환자로부터의 편지

Dear 한 교수님.

선생님 안녕하세요!

2월 3일 췌장 단독 이식한 김○○입니다.

저는 요즘 모든 것이 새로 시작입니다. 마치 신생아처럼 밥을 먹고, 마치 처음인 것처럼 음식의 맛을 느끼며, 더 이상 가족에게 미안한 사람이 아닙니다. 6년의 당뇨 기간 동안, 제게 미래는 두려운 대상일 뿐이었습니다.

언제 눈이 멀까, 투석을 하게 될까. 그 막연한 공포는 제 삶을 망가뜨리고 있었습니다.

지난 10월, 우연히 선생님의 인터뷰를 보고 제 인생이 바뀌었습니다.

선생님… 고맙습니다.

지금도 수술을 기다리는 수많은 환우들에게 선생님의 존재는, 새 미래고, 희망입니다.

오래도록 희망이 되어주세요.

언제나 건강하시길 기도하겠습니다.

지금 제 회복 속도가 좋다지만, 앞으로도 수많은 산들이 있을 것을 압니다.

그러나 그것은 더 이상 공포의 미래가 아니라, 제가 꾸려갈 미래의 원동력이고 힘이 되어줄 것입니다. 수많은 산들이 와도, 처음의 이 마음과 선생님에 대한 좋은 믿음이 있기에 더 힘을 내고, 산들을 기다리며 겁 없이, 용감히, 당당히 살아갈 것입니다.

그 힘을, 그 미래를, 제게 주신 분. 한덕종 교수님, 정말 고맙습니다.

2. 14. 김○○올림

## 한덕종 교수님께 - 환자로부터의 편지

교수님, 안녕하세요!

저는 올해 4월 7일에 교수님께 이식 수술을 받은 정○○ 라고 합니다.

찾아뵙고 인사드리는 게 맞지만, 저처럼 교수님을 뵙고 싶어 하고 기다리는 많은 환자들의 1초도 제가 가져가면 안 될 것 같아 이렇게 예의 없게 편지로 인사드립니다.

교수님!

너무 감사드립니다.

제게 새로운 삶의 시간을 선물해 주셔서…

제겐 이식은 꿈이었거든요.

신랑하고 혈액형도 안 맞고, 제가 심장도 나쁘고, 신랑이 신장 혈관도 많아 좀 걱정이 많았습니다.

교수님께서 절 맡아주지 않으셨으면, 오늘 저는 세상에 없었을지도 모르겠습니다.

제가 투석하면서 너무 힘들었거든요.

하루하루 사는 게 지옥 같았어요.

매일매일 눈 뜨는 게 무서울 정도로요.

그런 저의 삶에 희망을 주셔서 너무 감사합니다.

앞으로 사는 시간 내내 그 감사함 잊지 않고 하루하루 소중히 살도록 애쓰겠습니다.

어렵고 힘든 길이겠지만 잘 이겨내고 하루를 살아도 행복하게 살 수 있도록 노력하며 살겠습니다.

## 한덕종 교수님께 - 환자로부터의 편지

교수님께서 저에게 생명을 다시 주셨는데 저는 드릴 게 없네요….

대신, 주신 삶 열심히 행복하게 오래 사는 모습으로 보답하겠습니다.

저희 부부 매일 기도할 때마다 기억하고 또 기억하겠습니다.

너무 감사드리고 너무너무 존경합니다!

앞으로도 매일 행복하시고 늘 오래도록 건강하시길 기도하겠습니다.

저 같은 사람들을 위해서라도 절대 아프지 마시고 오래도록 건강하세요!

안 보이는 곳에서도 늘 기억하겠습니다.

교수님!

감사합니다!

너무 고생하셨습니다!

앞으로도 저와 같은 많은 사람에게 희망이 되어 주세요.

감사하고, 사랑하고, 존경합니다!

임○○ + 정○○ 드림

제 4 장

# 수술실의 오케스트라

# 1
# 이식 수술의 하모니

## 이식 수술의 하모니

혹자는 이식 수술을 오케스트라의 연주에 비유한다. 서로 다른 소리를 내는 악기들이 하나의 곡을 완성하는 것처럼, 이식 수술의 과정은 각 분야 전문가들이 모여 '환자의 치료' 라는 한 가지 목표를 이루는 일이다. 수많은 악기들이 조화로운 음색으로 하모니를 만들어내듯이 수술실의 전문가들은 최선을 다해 역량을 발휘함으로써 성공적인 이식에 도달한다.

신·췌장이식이라는 나눔의 기적이 이루어지기 위해서는 마치 오케스트라의 연주처럼 여러 전문가들의 협력이 뒷받침되어야 한다. 환자를 가장 가까이에서 대하는 간호사, 코디네이터, 약사는 물론 우리 이식외과 의사들 외에도 진단검사의학과, 방사선과, 진단병리학과, 신장내과, 비뇨기과, 감염내과, 신경과, 소화기내과, 심장내과, 혈액종양내과, 마취과, 중환자실 등 협진 의료팀들의 따뜻한 손길이 필요한 것이다. 이들의 지원이 없었다면 긴박한 고비를 어떻게 넘겼을까 싶을 만큼 아찔했던 순간들도 많다.

## 중재 방사선과의 도움으로 혈류 회복

가장 먼저 떠오르는 일은 2006년 국내 최초로 살아있는 사람의 신장과 췌장을 동시에 이식받은 박○○씨의 경우이다.

당시 환자는 혈관에 쌓인 혈전 때문에 심장 수술을 두 번이나 받은 전력이 있었다. 대개 투석을 많이 하면 정맥에 혈전들이 생기는데 그녀의 경우도 이러한 혈액 투석의 후유증으로 하대정맥이 거의 다 막혀 있는 상태였다.

때문에 췌장의 정맥문합술을 할 때엔 혈전으로 막힌 고정맥 대신 우측 난소정맥으로 이어주고, 신장은 좌측 고정맥(다리에 있는 가장 큰 정맥)에 연결해 피를 통하게 했다.

수술은 성공적이었지만 얼마 지나지 않아 이상 징후가 발견되었다. 췌장엔 이상이 없었는데 신장에서 소변이 만들어지지 않고 있었던 것이다. 급히 검사를 진행하고 보니, 막혀있는 하대정맥으로 인해 좌측 신장의 혈류가 원활하지 않은 것이 이유였다.

중재 방사선과의 도움으로, 혈전으로 막힌 정맥을 뚫고 3개의 스텐트(stent)를 넣었더니 문제는 단박에 해결되었다. 얼마 뒤 숨통이 트인 신장에서는 소변이 콸콸 뿜어져 나왔다.

이미 혈전이 있던 환자도 있지만 특히 췌장이식 수술 후 혈전이 만들어진 케이스도 있다. 수술환자 비율로 보면 대략 10~20%를 차지한다. 문제가 생기지 않으면 추이를 지켜보지만 췌장이식 460여 례 중 20명 정도의 환자가 중재 방사선과의 도움으로 혈전 제거술을 받았다.

이러한 응급 상황에서 별다른 문제없이 손발을 맞출 수 있었던 것은 오랜 시간 협업을 이어온 경험과 서로에 대한 신뢰가 바탕이 되어준 덕분이었다. 대개 이식 수술이 끝나고 10시간쯤 지나면 시티(CT) 촬영으로 혈관 상태를 점검해 본다. 새벽에 수술실을 나온 경우, 오후 1시를 전후해 사진을 찍어 혈관 상태를 체크업한다. 혈전이 보이면 항응고제를 쓰고 지켜보다가 혈전 정도가 70~80%로 올라가면 중재 방사선과에 도움을 요청한다. 되도록 퇴근 전에 시술할 수 있게 시간을 맞추어 부탁하지만 검진 시간이 저녁이나 밤 또는 주말로 밀릴 경우 미리 양해를 구해 놓는다. 약속이 어긋난 경우는 없다. 우리는 언제든 손을 맞잡을 준비가 되어 있다.

## 한밤의 고속도로를 달려야 하는 숙명

2019년 봄에 있었던 일이다.

그때 나는 학회 참석 차 대전에 내려가 있었다. 일정이 끝나고 대전에 살고 있는 누님 댁에서 저녁식사를 한 뒤 숙소로 돌아와 잠을 청했다. 밤 운전은 시력에 좋지 않으니 다음날 아침 일찍 상경할 예정이었다.

얕은 잠에 몸을 뒤척이던 중 펠로우(전임의) 고영민 선생의 전화를 받았다.

"교수님, 췌장이식 후 혈변을 호소하는 환자를 방사선과에 응급 의뢰하였습니다."

아주 사소한 변화라도 환자의 안위에 문제가 생기면 꼭 연락하라는 나의 당부에 따른 것이었다. 나는 전화를 끊자마자 급하게 채비를 마치고 숙소를 나섰다.

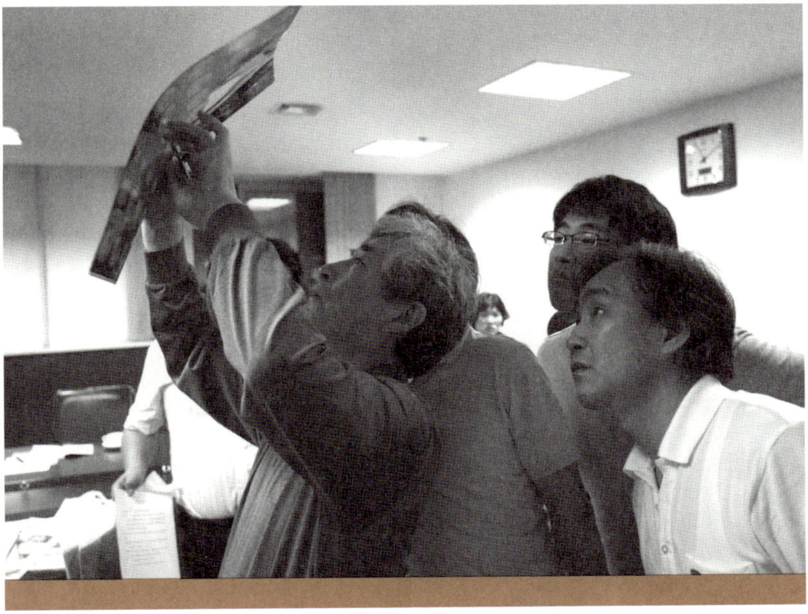

환자 곁에 있어야 한다. 시술을 하는 동안에도 시술이 안전하게 끝난 뒤에도. 그래야 안심이 된다.

췌장이식 수술 후 별 문제없이 퇴원하여 잘 지내던 50대 중반의 그 환자는, 내가 학회 일정으로 내려와 있는 동안 혈변을 하여 입원해 있었다. 일단 약을 쓰며 지켜보던 중에 갑자기 대량의 출혈이 발생하여 방사선과 시술이 필요해진 것이었다.

췌장을 소장에 연결할 경우 가끔 출혈이 발생하는 케이스였다. 해결 방법은 우선 중재적 방사선과 시술이다. 동맥촬영으로 출혈 혈관을 찾아내어 코일링(coiling)하거나 글루(glue)로 메우는 '중재적 방사시술' 을 시행하면 된다.

중재 방사선과에서 주도하는 시술이기에 굳이 올라오지 않아도 될 것 같다는 만류가 있었으나 나는 마음이 다급했다.

토요일 새벽, 깜깜한 고속도로를 달려 한 시간여 만에 병원에 도착했다. 환자 곁에 있어야 했다. 시술을 하는 동안에도 시술이 안전하게 끝난 뒤에도. 그래야 안심이 된다. 작은 문제라도 환자의 상태를 멀리서 듣는 일은 불안하다. 환자 입장에서도 내가 있어야 마음이 안정될 것이다. 만일의 경우 수술까지 이어질 상황이 생길 수 있으므로, 나는 환자의 곁을 떠날 수가 없다.

다행히 출혈하는 혈관은 안전하게 메워졌고, 우리는 모두 편안한 주말을 보낼 수 있었다.

## 지휘자와 연주자가 상호 신뢰하듯이

오케스트라의 지휘자는 개별 연주자들을 이끌어가는 리더이다. 연주자들은 지휘봉의 움직임에 따라 강약이나 박자를 조절하고 감정을 불어넣는다. 지휘자와 연주자 간에 신뢰가 없으면 불가능한 과정이다. 이식 수술에 있어서도 각 분야 전문가들과의 신뢰는 매우 중요하다. 언제든 서로 도움을 요청하고, 그것을 흔쾌히 받아들여 움직일 수 있는 관계가 되는 것이다.

그동안 헤아릴 수 없을 만큼 많은 수술을 집도하다 보니, 어떤 경우는 환자의 대장이나 간 쪽에서 문제를 발견할 때도 간혹 있었다. 외과 전문의로서 내가 해결할 수 있는 케이스였지만 그쪽으로는 연구도 수술도 손을 놓은 지 오래이기에, 그리고 무엇보다 환자에게 최선의 진료라는 책임감이 앞서기에 주저하지 않고 그 분야 전문의들에게 손을 내민다. 그러면 동료와 후배와 제자들은 모두 기꺼이 수술실로 발걸음을 돌려준다. 나 또한 그러하다. 특히 응급수술에 들어가기 전에는 각 과의 전문의들에게 미리 대기해주기를 부탁한다. 의사로서의 사명감과 환자에 대한 책임감과 더불어 서로 간의 신뢰가 있기에 가능한 일이다.

일단 환자가 우리 병원으로 왔을 때에는, 서울아산병원만의 최고의 진료를 기대하고 왔을 터. 그렇기에 나는 의료인으로서 나보다 조금이라도 나은 사람이면 나이와 경력에 상관없이 도움을 요청한다. 한마음 한뜻으로 우리가 기억해야 할 것은 한 가지. 환자에게 최선의 진료를 제공해야 한다는 것이다. 환자가 바라는 최고의 진료는 의료진들이 최선을 다하는 마음에서 비롯될 것이므로.

“어떤 집을 방문하든지 오로지 환자를 돕는 일에만 힘쓸 따름” 이라는 히포크라테스 선서의 구절을 늘 되새겨야 한다.

2

# 서울아산병원 신장·췌장이식팀

## 국내 최다 이식 수술은 한 식구 같은 팀원들과 이룬 성과

이식 수술 환자에게 최선의 진료를 제공하기 위해서는 여러 전문 의료진들의 협력이 필수적이다. 서로 도움의 손길을 마다않고 내밀어준 그들에게 감사와 경의를 표하며, 이 장에서는 서울아산병원 신·췌장이식팀원들과 협진팀 의료진들을 소개하고자 한다.

◈

**정주희 간호사**는 이식팀에서 나와 함께 10년 넘게 호흡을 맞춰오고 있다. 한곳에서 오래 자리를 지키며 일하다 보니 정 간호사는 이제 반 의사가 되었다는 말을 들을 정도로 베테랑이 되었다. 매달 로테이션을 하는 전공의들이 자문을 구할 정도다.

정 간호사는 이식 수술 환자들의 모든 정보를 갖고 있다 해도 과언이 아닐 정도로 전문적인 위치를 차지한다. 언제 어떤 수술을 받은 환자인지, 그의 예후는 어땠는지, 그리고 현재 치료 중인 환자들에게는 각각 어떤 특이점이 있는지, 그들에게 무슨 약을 얼마만큼 처방해야 할지를 훤히 꿰뚫고 있는 사람이다.

내가 기회 있을 때마다 계기를 만들어주고 정 간호사 스스로 주인의식을 가질 수 있도록 분위기를 이끌게 된 배경에는 미네소타대학 연수 시절의 경험이 녹아 있다. 그때 인상적이었던 것은, 의사 회진 때 간호사와 코디네이터들이 꼭 동행을 하는데 오히려 의사들이 그들에게 자문을 구하는 모습이었다. 환자와 가장 가까이에서 지내며 환자의 말에 귀 기울이고 즉각적인 처치를 도울 수 있는 사람들이 간호사와 코디네이터이기에 가능한 일임을 나는 일찌감치 깨달았다.

정주희 간호사의 리더십은 이식팀의 성과를 높이는 데에도 큰 역할을 했는데, 연간 이식 수술 건수를 300례 이상으로 끌어올릴 수 있었던 것도 그녀의 제안에 큰 힘을 얻은 덕분이었다.

2013년 연말 송년 모임 때였다. 팀원들이 모여 앉아 다과회를 하면서 다음 해의 포부라든지 계획 등을 이야기하고 있었는데, 화기애애한 분위기에서 갑작스레 나온 정주희 간호사의 발언은 모두를 놀라게 했다.

"내년에는 이식 수술 300례를 달성해봅시다."

그때까지 연간 이식 수술 건수는 250례 정도였고, 그것만으로도 국내에선 최고 기록을 유지하고 있었다. 나는 그 마음이 고맙고 기특했지만 현실적인 어려움 또한 잘 알았다.

"그건 좀 어려울 텐데…."

나의 말에 정 간호사는 또랑또랑한 목소리로 의견을 되풀이했다.

"할 수 있어요. 교수님."

이듬해인 2014년, 우리 팀은 이식 수술 350례라는 초유의 성과에 도달할 수 있었고 그 기세는 2019년 409례까지 이어지며 매년 상승하고 있는 중이다.

당시 내가 현실적인 어려움으로 꼽았던 이유는 한 가지. 수술의 횟수에만 치중하다 보면 자칫 환자에게 기울이는 정성과 노력이 줄어들 수 있다는 우려 때문이었다. 의지를 굽히지 않는 정 간호사의 표정을 보니 불현듯 내게도 좋은 생각이 떠올랐다.

"좋아요. 그럼 이렇게 합시다. 지금까지 하루 2회씩 돌던 회진을 3회로 늘리는 거예요."

아침저녁으로 두 번 돌던 회진에 한 번을 더하려면 점심시간을 이용하는 수밖에 없었다. 수술 이후 환자의 상태를 체크하고 문제점을 찾아내어 해결하려면 될 수 있는 한 환자를 자주 만나야 한다. 팀원들의 손길은 물론이거니와 협진 의사들의 신속한 도움을 받기 위해서라도 모든 일은 퇴근시간 전에 이루어져야 한다. 그리하여 '하루 3회' 회진이 결정되었고, 점심 회진을 치프 레지던트가 맡기로 하면서 이식 수술 환자를 더 긴밀히 관리할 수 있게 되었다. 치프는 레지던트의 수장으로서 환자를 살피고 내게 보고하고 검진과 지시 등을 관장하기에 꼭 맞는 적임자였다.

점심 회진을 치프가 담당하면서 좋아진 점이 또 있다. 치프 업무가 늘다 보니 실질적으로 레지던트 인원이 증원되는 결과를 낳았고, 환자 상태를 살피고 이상 징후를 발견하여 보고하고 처치하는 등 2년차와 3년차 레지던트들의 업무에도 체계가 잡힌 것이다. 모두가 책임감을 갖고 환자를 더욱 세심하게 관찰하게 되었고, 사전에 문제를 체크하여 전문 의사들이 퇴근하기 전 의뢰할 수 있게 되었으며, 이로 인해 환자 관리의 퀄리티가 오히려 향상되는 결과를 낳았다.

환자의 상태를 체크하고 사전에 문제를 찾아내어 해결하려면 모두가 책임감을 갖고 환자를 더욱 세심하게 관찰하며 될 수 있는 한 환자를 자주 만나야 한다. 이식 수술 환자에게 최선의 진료를 제공하기 위해 여러 전문 의료진들의 협력이 가장 필수적이다.

환자에 대한 전문적인 데이터를 보유하며 팀 내 자문위원과도 같은 역할을 하는 사람이 한 명 더 있다. 바로 **이혜주 약사**이다.

이 약사는 환자에게 처방되는 약들의 용량은 물론 작용과 부작용까지 전부 꿰뚫고 있다. 나조차도 이따금 그녀에게 묻는다. 일례로, 환자의 신장 기능이 떨어졌는데 현재 무슨 약을 쓰고 있는지. 그러면 곧 답변이 돌아온다. 대체 약물이라든지 복용량의 조절에 대한 설명도 상세히 덧붙인다. 한 달에 한 번, 레지던트들을 불러 모아 약제에 대한 설명회를 열기도 한다.

미국에서는 아주 오래 전부터 임상 약사가 의사와 간호사, 코디네이터와 함께 회진에 참여하고 있다. 미네소타대학 연수 시절, 약사가 약물 관련 사항을 점검하고 의사에게 설명하는 장면은 내게 신선한 충격을 안겨주었다. 지금은 국내 병원에서도 전문 임상 약사를 활용하도록 시스템이 잘 갖춰져 있지만, 우리 팀은 약 15년 전부터 전속 임상 약사와의 공동 회진을 시행하고 있다.

감염내과 **김성한 선생**은 매우 유능한 후배이자 내가 직접 우리 팀으로 스카우트해온 인재이다. 모든 수술 환자들에게 감염에 대한 문제는 무척 중대한 사안이다. 면역억제제를 투여해야 하는 이식환자들은 감염에 더욱 취약할 수 있어 특별히 주의를 기울여야 한다. 나와 김 선생은 매주

월/화/목/금요일 아침 7시40분에 테이블 미팅을 열고 감염에 관한 이슈를 중점적으로 다룬다. 감염 환자에 대한 전반적인 자문을 구하고, 항생제 사용 등에 관한 브리핑도 받는다. 감염은 자칫 위험한 상황까지 불러올 수 있기 때문에 우리 팀에겐 김 선생의 도움이 절실하다.

◈

신·췌장이식외과 부교수 **김영훈 선생**은 우리 팀의 과장이며 나 다음으로 수술 경험이 많은 의사이다. 경력 10여 년차, 이식 수술 분야에서 아직은 젊은 의사로 통하는 김 선생이지만 풍부한 지식과 경험을 축적하고 있다.

사실 그와 같이 일하기 전만해도 나는 깊은 고민에 빠져 있었다.

"이식 수술을 더는 못할 것 같습니다."

김 선생의 전임자로 있던 나의 후배 의사가 그렇게 말하며 이식분야를 떠났기 때문이었다. 이식 수술을 위해선 내 곁에서 나와 같은 일을 하며 손을 도울 사람이 필요한데, 주변엔 아직 미숙해 보이는 얼굴들뿐이었다. 경험 많은 적임자가 어디 없을까? 나는 백방으로 수소문을 해보았다. 심지어 미국에 있는 한국 의사들까지 알아보았으나 결과는 신통치 않았다. 그러던 어느 날 선배이신 김인구 선생님이 말씀하셨다.

"한 선생, 먼 데서 찾으려고 하지 말아요. 이식 수술은 경험이 중요하잖아요? 1년에 20~30례 수술하는 병원에 비하면, 우리 병원에선 200~300례를 하고 있지 않습니까? 그러니 우리 병원 1~2년차 경력은 다른 병원 10~20년차 경력과 마찬가지란 말입니다. 가까운 데서 찾아보세요. 나이나 경력이 무슨 상관입니까? 한 선생이 좀 더 오래 머물면서 키우면 되지요."

나는 무릎을 쳤다. 그리고 찾아낸 사람이 김영훈 선생이었다. 나의 안목은 어긋나지 않았다.

2013년 어느 날, 췌장이식 수술을 받고 회복 중이던 40대 여성 환자에게 문제가 발생했다. 문합 부위에 염증이 생겨 혈관이 터지는 바람에 배 안에 피가 가득 고여 있었다. 절제하고 다시 꿰맸으나 이후 다시 터지기를 세 번이나 반복하더니 급기야 다량의 출혈 사태가 일어났다. 문합 부위로 침투한 세균이 동맥염을 일으킨 것이었다. 잘못하면 사망에 이를 수도 있는, 아주 위급한 상황이었다. 외부에 있던 내가 수술실로 달려오는 동안 다행히 김영훈 선생이 혈관을 틀어막고 있었기에 최악의 결과를 면할 수 있었다.

점잖고 인품 좋은 그는 언제나 든든한 최고의 조력자이다.

◈

신·췌장이식외과 부교수 **신성 선생**은 우리 병원에서 인턴/레지던트/펠로우 과정을 마친 뒤 고대병원으로 돌아가려던 사람을 내가 붙잡은 케이스이다. 당시 김영훈 선생과 함께 일할 스태프를 구하고 있었는데 마침 맞는 인재로 눈에 띄었기 때문이다. 나의 제안을 받아들인 신 선생은 울산의대 석사/박사 과정 때 쥐 실험 등 연구에 대한 관심을 많이 내비쳤고, 이에 따라 나는 임상과 연구에 대한 자료 및 연구원과 연구 장비 등을 모두 그에게 넘겨주었다.

◆

신·췌장이식외과 조교수 **권현욱 선생**은 우리 병원에서 인턴/레지던트/펠로우 과정을 마친 뒤 한림대 성심병원 혈관이식외과 임상 조교수로 부임해 갔었다. 1년쯤 지난 뒤 인원 충원이 필요하여 스카우트를 제안했고, 그는 흔쾌히 이식팀의 일원으로 합류했다. 권 선생은 특히 데이터 분석에도 능하여, 신장과 췌장 두 분야에 걸친 상세한 자료는 그의 손길을 거치지 않은 것이 없을 정도이다.

◆

외래 코디네이터인 **장혜연 간호사**와 **차현송 간호사**는 생체 이식 환자의 수술 전 준비과정을 체크하는 업무를 담당한다. 예상치 못한 일이 벌어지는 경우가 많아 늘 긴장을 늦출 수 없는 자리이다. 우리 병원에서는 2007년부터 조직적합항원(HLA)[2] 불일치 환자들에 대한 수술을 시작했고 2009년부터는 혈액형항원 불일치 환자 수술을 시행해오고 있다. 이러한 환자들에 대해 여러 가지 검진을 실시하고 모니터링 하는 일은 상당한 전문지식을 필요로 한다. 고된 업무 강도 때문에 앞서 3명의 간호사들이 이직을 결심했을 정도이다. 그럼에도 장 간호사와 차 간호사, 두 명의 코디네이터들은 오늘도 듬직하게, 묵묵히 맡은 바 책임을 다해주고 있다.

2) HLA(Human Leucocyte Antigen) : 인간의 중요 조직적합항원. 인간의 조직적합항원(그밖에 부조직적합항원. ABO 혈액형 항원) 중의 하나이다. 장기이식 시에 서로의 HLA 항원이 일치하면 거부반응이 잘 일어나지 않는다. [출처-네이버지식백과]

신·췌장이식외과 **고영민 선생**과 **김동현 선생**은 2년차 펠로우로서 수술 관련 보고 및 수술 전후 환자 관리를 맡고 있으며 수술실에서 보조 역할도 담당한다. 늘 성실하고 업무에 책임감이 강한 인재들로, 앞으로의 발전이 기대되는 팀원들이다.

내분비내과 **정창희 선생**은 당뇨 환자의 수술 전후 체크업 및 수술 적응도 여부와 합병증 경과 관찰을 돕고 있다. 췌장이식 수술에 긍정적인 생각을 갖고 늘 환자를 편안하게 해주는 의사이다.

20년 가까이 팀원으로 함께 일해 온 **홍정자 간호사**는 서울아산병원 장기이식센터의 차장으로서 뇌사자 췌장이식 수술 관리를 맡고 있다. 또한 수술 후 환자를 돌보고 환자들 상대로 여러 가지 정보를 공유하는 등 교육 및 홍보 업무도 담당한다.

오랜 시간 수술실에서 나와 함께 손을 맞춰 온 **서혜련 간호사**는 맡은 바 책임감과 성실성에서 타의 추종을 불허한다. 15여년 가까이 쌓아온 경력으로, 내가 수술 중에 미처 챙기지 못하는 부분까지도 꼼꼼히 체크하고 뒷받침해주는 제1의 조력자라 할 수 있다. 이식팀에서 병동을 대표하는 간호사가 정주희 선생이라면, 수술실을 대표하는 간호사는 단연 서혜련 선생이다.

# 3
# 앞에서 끌고 뒤에서 밀며

## 사제동행, 이식 수술을 이어가는 제자들

스승과 제자가 한마음 한뜻으로 나아가다 보니 서울아산병원에서 펠로우 과정을 마치고 다른 병원에서 열심히 활약 중인 의사들도 있다. 가까이 혹은 멀리에서 이식 수술을 이어가고 있는 자랑스러운 제자들을 소개한다.

◈

양산부산대병원 외과 조교수 **최병현 선생**은 국내에서 서울아산병원 다음으로 췌장이식 수술에 대한 성과를 올리고 있는 주역이다. 이식 수술을 시작한지 5~6년 만에 이룬 쾌거로서, 그동안 서울아산병원에서 한정적이었던 췌장이식에 대한 관심을 불러일으키는 등 저변 확대에 기여도가 큰 인물이다. 아피타(APITA, 아시아 췌장-췌장도세포 이식학회)를 설립하게 된 계기에는 최 선생의 활약상이 큰 역할을 했다.

◈

강릉아산병원 교수 **장혁재 선생**은 주로 신장이식을 시행하고 있다. 서울에 비해 환자나 수술이 적어 비교적 여유로운 진료 환경에서 그는 열정의 끈을 놓지 않고 병원에 연구소를 만들어 동료 의사들과 강릉 과학기술원(KIST)의 공동 연구를 진행하는 등 활약상을 펼치고 있다. 내게 장 선생이 특별한 이유는 1992년 국내 최초 신·췌장 동시 이식 수술 시 든든한 조력자로서 내 곁을 지키며 도움을 준 인물이기 때문이다. 지금처럼 팀이 체계적으로 구성되어 있지도 않았고 모든 환경이 여의치 않던 그때 치프 레지던트로서 많은 역할을 해준 그의 노고를 잊지 않고 있다.

◈

부산동아대병원 외과 조교수 **정영수 선생** 또한 신장이식 수술의 선두주자로서 열심히 자신의 분야를 개척하며 믿음직한 행보를 보이고 있다.

하나하나 떠올려 보면 모두 그리운 얼굴이지만 서로 바쁜 스케줄 때문에 자주 만나기는 어려운 상황이다. 장기이식센터 주관 심포지엄이라든지 봄/가을 학회, 또는 서울아산병원에서 주최하는 기념행사와 해외 학회 때나 잠깐 인사를 나눌 수 있을 뿐이다. 아쉽지만 서로 각자의 자리에서 환자를 위한 최선의 진료를 펼치고 있을 터이니, 그에 대한 고마운 마음이 더 크게 앞선다.

## 굳은 표정으로 목소리를 높여야 하는 순간

수술실에서의 나는 말이 없는 사람이었다. 소리 없이 온몸으로 단원들을 리드하는 오케스트라의 지휘자처럼.

베를린 필하모닉 오케스트라의 종신 지휘자였던 헤르베르트 폰 카라얀은 사적으론 단원들과 만나지 않고 연주 중에도 눈을 마주치지 않는 카리스마로 유명했다고 한다. 반면 뉴욕 필하모닉 오케스트라의 레너드 번스타인은 평소 단원들과 농담을 즐기고 클래식의 대중화에 힘쓰는 등 카리스마보다는 소통에 힘쓴 대가였다고 한다.

나를 두 지휘자의 스타일에 비유하자면, 안에서는 묵묵히 수술에만 전념했기에 카라얀과 비슷했고, 밖에서는 팀원들과의 소통을 중시하는 번스타인에 가까웠다.

그런데 지금은 조금 달라졌다. 수술실에서 나는 굳은 표정과 목소리로 긴장을 유도하고 때로는 엄하게 꾸중도 한다. 이런 변화의 밑바탕에는 그럴 만한 사연이 몇 가지 있었다.

어느 날 저녁, 뇌사자 신장이식 수술을 집도하고 있던 때였다. 당시 나를 도와주던 책임간호사는 평소 부드러운 성격에 똑똑하고 성실한 사람이었는데, 그날따라 평간호사들에게 신경질적인 모습을 보였다. 무사히 수술을 마치고 나와서 물었다.

"오늘 무슨 일이 있었어요?"

그녀는 의외의 답변을 했다.

"선생님께서 너무 조용하게 계시니까, 저라도 그럴 수밖에 없었어요."

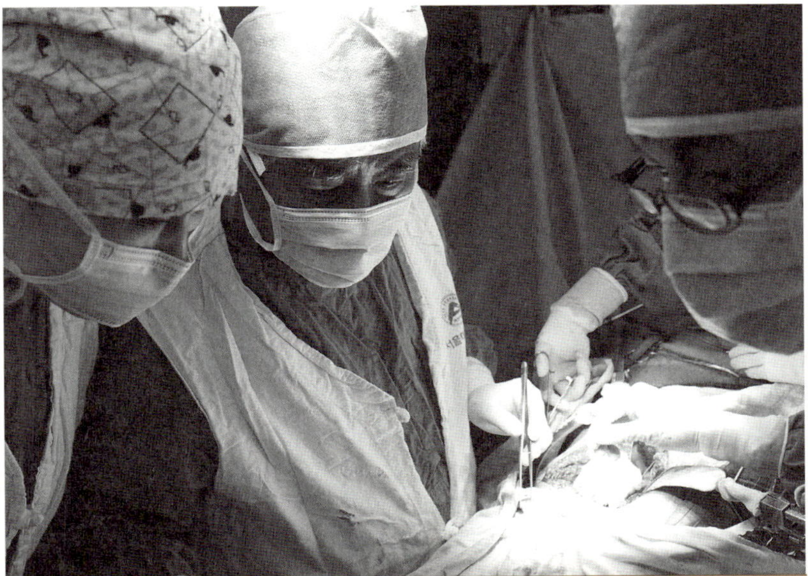

수술실에서는 적당한 긴장감이 필요하다. 무엇보다 환자를 위해서 그래야 한다. 가장 짧은 시간에 수술을 끝내는 것이 환자 건강에 도움이 되기에 마취 시간이 길어지지 않아야 하고, 그러려면 더욱 집중해야만 하는 것이다.

사연을 들어보니 어이가 없었다. 한창 수술 중에, 선임 간호사가 자기 옆을 계속 오가면서 사인을 주더라는 것이었다. 빨리 퇴근하고 집에 가라는 뜻으로.

"수술 도중에, 대체 왜 그런 거죠?"

"저녁 근무 간호사와 교대하라는 거죠. 낮 근무자가 연장 근로를 하면 시간외수당을 청구해야 하고… 그러면 병원에도 해를 끼치는 것 아니냐는 겁니다."

기가 막혔다. 아무리 그렇다 해도, 환자에게 극도로 집중해야하는 수술실에서라니.

책임간호사는 억울하다며 재차 말을 이었다.

"제가 수당을 더 챙기려는 게 아니라는 건 선생님도 잘 아시지 않습니까? 저는 오직 환자와 집도의이신 선생님께 최선을 다하려고 그런 것뿐인데. 선생님께서 너무 말씀이 없으시니 다들 너무 편하게만 생각하는 것 같습니다."

"그럼 내가 어떻게 하면 되겠습니까?"

나는 조심스럽게 타이르듯이 물었다.

"앞으로는 선생님도 다른 선생님들처럼 때로는 무섭게 하세요. 소리도 지르시고, 혼내기도 하시고요."

"알겠습니다."

나는 씁쓸한 웃음을 지으며 그녀를 달랬다.

수술실의 수장으로서 나는 권위적이지 않은 차분한 리더십을 지향했을 뿐인데 그것이 역효과가 났다고 생각하니 한편으론 속이 상했다.

이후부터 수술실에서 나는, 때때로 미간에 날선 주름을 만들거나 엄중하게 큰 목소리를 내기도 하면서 분위기를 바꾸어 갔다. 안 하던 행동을 하려니 처음엔 어렵기도 했다. 그러다 육 개월쯤 지나니 자연스러워졌다. 간호사들은 물론 주변 스태프들의 태도가 달라졌다. 전보다 더 집중하고 긴장하는 모습이 역력했다. 그것은 의사들에게까지 영향을 끼쳤다. 어떤 레지던트는 수술에 대한 스트레스와 그 수술을 나와 함께 진행한다는 데에 따른 두려움까지 겹치는 바람에 잠시 심한 긴장에 따른 현기증을 겪기도 했다.

사실 수술실에서는 적당한 긴장감이 필요하다. 무엇보다 환자를 위해서 그래야 한다. 가장 짧은 시간에 수술을 끝내는 것이 환자 건강에 도움이 되기에 마취 시간이 길어지지 않아야 하고, 그러려면 더욱 집중해야만 하는 것이다.

## 선의를 지키기 위한 꾸짖음

한번은 이런 일도 있었다.

수술 중 갑자기 방송이 흘러나왔다. 저녁 여섯 시쯤이었는데, 소아과 레지던트가 나를 찾았다. 어린 환자에 대한 동맥혈관 내 장시간 카테터 사용으로 동맥이 막혔다는 것이었다. 급하게 가서 보니 팔의 색깔이 검푸르게 변하고 있었다.

아무리 그렇더라도, 레지던트가 방송으로 수술중인 의사를 찾는다는 것은 이치에 맞지 않는 것 같았다. 서둘러 수술을 준비하여, 밤 열한 시쯤 소아 수술을 시작했다.

그런데 설상가상이라고, 수술실에서 어이없는 광경을 보게 되었다.

외과 주치의와 인턴과 간호사와 나, 이렇게 넷이 수술실에 있었는데 갑자기 간호사가 소곤거렸다.

"저는 이만 퇴근하겠습니다."

나는 고개를 끄덕이며 말했다.

"인수인계 해줄 간호사는 도착했나요?"

"아니요, 아직…."

이건 또 무슨 상황인가 싶어 그 간호사를 올려다봤더니, 그녀가 눈짓으로 인턴을 가리켰다. 개인적으로 급박한 용무가 있느냐는 물음에는 고개를 저었다.

"인턴에게 인수인계를 하겠다고요?"

나는 크게 꾸짖었다. 각자의 맡은 업무가 분명한 수술실에서, 후임이 도착하기도 전에 자리를 비우는 것도 모자라, 다른 일을 담당하는 인턴에게 빈 자리를 떠넘기고 나가겠다는 처사가 도무지 이해되지 않았다. 책임감이라는 것을 어디에 두고 왔느냐며 호통을 쳤지만 이후 한동안 마음이 언짢았다.

진정한 리더십을 발휘하려면 내키지 않더라도 소위 말하는 군기를 잡아야 하는 것인가… 아직도 나는 모르겠다. 선의가 그대로 전달되지 않고, 때론 그것이 역이용되는 상황에 씁쓸해질 따름이다.

# 4
# 어려운 일을 감당하게 해준 신앙의 힘

## 시련이 있으면 피할 길도 있다

"내가 할 수 있는 것은 씨를 뿌리고 물을 주는 일이지만 결국 나무가 자라게 하는 것은 하나님이 하시는 일이시다."

성경에 기록된 사도 바울의 말씀이다.

나는 그 말씀을 항상 소중하게 기억하고 있다. 의사로서 아픈 이를 치료한다는 것, 수술로써 병을 낫게 한다는 것은 나 혼자만이 할 수 있는 일이 아닐 것이다. 수술은 내 몫이지만 상처가 아물고 병으로부터 해방되는 일에는 하나님의 관여하심이 크다고 믿는다.

살다보면 그렇지 아니한가. 모든 것이 우리 뜻대로 되지는 않는다. 이식 수술에 있어서도 마찬가지이다. 무수히 쌓아온 경험과 철저한 진단과 한결같은 원칙으로 수술을 시행하지만 이후에는 환자마다 다른 결과가 나오기 마련이다. 기독교인으로서 그것은 당연히 하늘의 뜻이라 여겨진다.

산에 오를 때 숨이 턱에 차올라 힘들 때 절로 기도가 나오듯이, 어려운 환자를 마주했을 때에도 절로 하나님을 찾게 된다. 그분에게 의지할 수 있다는 것은 생명을 다루는 나에게 큰 힘이 된다.

성경엔 이런 말씀도 있다.

"하나님은 감당하지 못할 시련을 주시지 않지만, 시련이 있을 땐 피할 길도 주신다."

시련이 찾아왔을 때 기도를 하면, 사실 그것이 곧바로 해결되기 보다는 진행되는 경우가 많지만, 신앙은 그로 인한 어려움을 감당할 수 있게 하는 힘이 되어 준다. 잘 넘길 수 있는 용기와 지혜의 은혜를 받는 것 같다.

2장에서 소개한 일화에서처럼, 사망 환자의 비보를 가족에게 전해야 하는 상황에서의 내 기도는 몹시 절실했다. 그리고 내 귓가에 전해진 보호자의 이해와 위로의 한 마디,

"선생님 마음 이해합니다. 어쩌겠어요. 최선을 다 해주셨으니 되었지요."

그것은 마치 주님께서 내게 주신 말씀 같았다.

수술 중 난관에 부딪혔을 경우에도, 잠시 손을 바꾸고 나와 기도를 올리고 들어가면 새로운 기분이 되어 어려움이 잘 풀릴 때가 있다. 모든 것은 하나님의 뜻이지만 나 역시 할 수 있는 최선을 다하고자 의지를 다지는 것이다.

## 친구를 만나러 갔다가 주님을 만나다

불교 집안에서 자란 내가 교회에 처음 발을 들이게 된 때는 1986년 미국 연수 시절이었다. 대학 동기이자 미네소타대학 연수생이던 윤태현 선생(이비인후과)을 만나러 미네소타 한인 장로교회로 간 날이었는데, 그것이 계기가 되어 기독교 신앙을 갖게 되었다. 그로부터 얼마 후에는 아내

와 아이들이 미국으로 건너왔고, 당시 두 살과 네 살이던 아들과 딸이 유아세례를 받기도 했다.

귀국 후에는 이사와 이직 등의 이유로 여러 교회를 옮겨 다니다가 1990년대 후반에 온누리교회에 정착하였다.

## 자리가 사람을 만든다

나의 믿음의 멘토였던 하용조 목사님은 온누리 교회를 세우시고, 나를 믿음의 온전한 길로 인도하신 분이셨다.

2010년, 하 목사님이 내게 장로 되기를 권유하셨을 때 나는 완곡하게 사양하는 마음을 내비쳤다.

"아직 그만한 믿음이 되지 않습니다. 지금은 이른 것 같습니다."

그러기를 여러 번, 권유와 사양이 되풀이되던 어느 날이었다.

"자리가 사람을 만듭니다."

목사님이 인용하신 그 말씀에 나는 하나님의 뜻이라 생각하고 제안을 받아들였다. 그해 연말에 목사 장로 회의인 당회에서 장로로 선출되었고, 이듬해인 2011년 3월부터 10개월 가까이 교육을 받은 다음 장로 고시를 보고 12월에 장로가 되었다.

하 목사님은 나에게 리더로서의 역할을 부탁하셨다.

장로는 교회에서 행정업무를 담당하고 성도들에 대한 리더 역할을 해야 한다. 지금은 사역(은퇴) 장로가 되었지만 이전 대표 및 총무 장로로 활동할 때에는 공동체 성도들의 1년 살림을 꾸리고 돌보며 장례 과정을 돕고 교육프로그램 지원 및 후원, 대표 장로 역할 등을 맡아 수행하였다.

또한 대외적으론 교회 의료진들로 구성된 크리스천메디칼네트워크(CMN) 활동으로 인도, 캄보디아, 인도네시아, 스리랑카, 블라디보스톡 등에 해외 의료봉사를 다녔다.

교회의 리더는 세상의 감투가 아니라고 생각한다. 항상 스스로를 낮추는 겸손함이 있어야 한다. 권위를 내세우지 않고 주어진 역할에 충실하면 모두 그것을 본받아 행할 수 있으리라 믿는다. 옳고 그름에 대한 판단은 좋지 않다. 주변인들에게 무언가를 강요하지 않는다. 다만 권유할 뿐이다.

## 마에스트로, 그 이상이 되자

하용조 목사님 생전에는 주치의로서 그분의 건강관리에 최선을 다했고 현재도 수많은 성도들과 후임이 되신 이재훈 담임목사님의 의료 컨설턴트로서 책무를 기꺼이 수행하고 있다. 예배담당 의사로서 환자가 생기면 1차 진료를 보기도 하고, 성도나 그 가족의 신장이식 수술을 직접 시행하고 있다. 본인의 전문 분야가 아닌 질병을 문의할 때는 진료가 이루어지도록 보다 좋은 의사를 소개하기도 한다.

한번은 이런 일이 있었다.

2017년 구정 설날이었는데, 아침에 같은 교회 장로로부터 전화 한통을 받았다.

“이번 연휴 기간에 뇌수술을 받게 되었습니다. 제가 자리를 비우는 동안에도….”

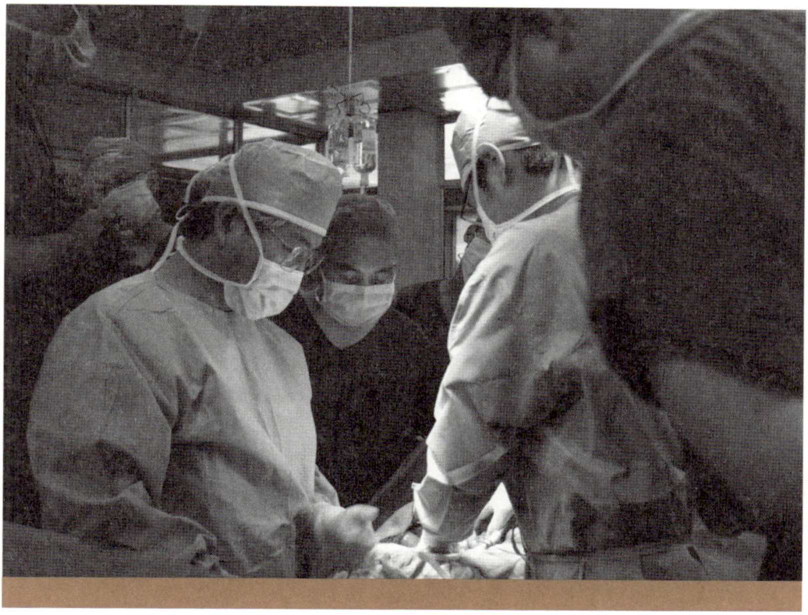

교회의 리더는 세상의 감투가 아니라고 생각한다. 항상 스스로를 낮추는 겸손함이 있어야 한다. 권위를 내세우지 않고 주어진 역할에 충실하면 모두 그것을 본받아 행할 수 있으리라 믿는다.

나는 의아한 마음으로 즉시 그가 입원해 있다는 병원에 문안을 갔다. 뇌혈관이 막혀 수술을 받는다고 하는데, 평소 건강하신 분으로 하루 전 갑자기 경미한 기억 소실을 호소하였지만 수술까지 갈 정도는 아닌 것 같았다.

병상에 누워있는 그에게 이런저런 문진을 하고, 우리 병원 신경과 권순억 선생에게 전화를 걸어 상담을 하였다. 그가 흔쾌히 수락하기에 나는 자초지종을 설명한 뒤 CT 사진을 핸드폰으로 찍어 전송했다.

"조금 이상하네요. 여기가 혈전이 흔하게 생기는 위치가 아니거든요."

권 선생은 자신이 환자를 만날 수 있는지 물었다. 너무 고마운 제안이었다. 설 연휴임에도 괜찮다고 했다. 바로 다음날, 환자를 아산병원으로 모셔와 검사를 진행했다.

"수술은 하지 않아도 됩니다."

권 선생의 말에 환자와 가족들 모두 안도의 한숨을 내쉬었다.

이후 헤파린 항응고제를 사용하는 약물만으로 혈전은 깨끗이 사라졌다. 권 선생이 설명한 바로는, 심방세동(부정맥의 일종) 때문에 혈전이 생겼고 이것이 떨어져 뇌로 올라간 것이라고 했다. 약으로 녹여 치료할 수 있는 증상인데 큰 수술을 겪을 뻔했다.

지휘자는 교향악의 모든 악기를 컨트롤한다. 연주자들은 지휘봉의 움직임에 따라 리듬과 템포를 조절하고 박자를 맞춘다. 아무리 뛰어난 연주자라도 지휘자에 따라 기법이나 실력이 달라질 수 있다. 오케스트라의 운명은 지휘자의 손길에 달려 있다.

이식 수술을 집도하는 외과의사는 지휘자이면서 연주자이기도 하다. 수술실의 안팎에서 팀원들을 이끌면서 본인 스스로도 수술이라는 중대한 책무를 맡고 있다. 모두의 열정과 노력으로 조화로운 하모니가 완성될 때 이식 수술은 성공에 이른다. 진정한 마에스트로, 그 이상이 되어야 하는 까닭이다.

# 한덕종 교수님께 - 환자로부터의 편지

한덕종 교수님께

여름 휴가철 다행히 예약이 되어 교수님을 뵈었을 때 '이제는 살았구나' 했습니다.

저는 정○○ 환자 아내로 지금까지 기다려 왔는데 염려가 안심으로 변하며, 또 입원치료를 무사히 마치게 되어서 감사 마음을 전하고 싶었습니다.

이십 년 동안 소아 당뇨로 아산병원에서 진단을 받고 병마와 싸워 왔지만 합병증이 생기고 절망도 했습니다. 그러나 교수님의 환자에 대한 배려와, 길다란 노트에 기록을 통해 집중 치료하는 과정에 깊은 감사의 마음을 전하고 싶습니다.

만성 고통을 자신의 일부분으로 여기고 지내는 환자의 마음을 알아주시고, 세밀한 음성까지 들어주셔서 감사합니다. 저희도 용기를 얻고, 대한민국에서 유명한 교수님 진료를 받고 희망을 다시 찾고 회복의 시간을 지내겠습니다.

2012. 9. 17. 정○○ 환자 아내 드림

## 한덕종 교수님께 - 환자로부터의 편지

존경하는 한덕종 교수님께

저는 1월 21일 한 교수님께 신장이식 수술을 받고 새로운 삶을 살아가는 최○○입니다.

전남 ○○에서 비뇨기과를 개원하고 있는 의사이기도 합니다.

제가 수술을 받고 입원해 있는 동안, 환자를 대하시는 교수님의 모습에서 너무나 많은 가르침을 받았습니다. 환자로서 또 같은 의업을 이어가는 후배로서 무한한 감사와 존경을 느끼게 되었습니다.

몸이 회복되는 대로 일에 복귀해서는 환자를 대할 때마다 교수님의 환자에 대한 무한한 사랑을 꼭 기억하겠습니다. 너무나 감사합니다.

환자 최○○ 올림

## 제 5 장

# 다시, 새롭게 가야 할 길

## 주어진 소명에 은퇴는 없다

외과의사로서 걸어온 나의 길은 하늘이 내린 소명(calling)이었다. 나는 세상에 도움을 주는 의사가 되고자 했다. 병마와 직접 맞서서 환자를 치료하는 외과의사를 천직이라 여겼다. 나는 환자를 대할 때, 그 환자의 아픔을 치료하여 그가 건강을 회복해가는 것을 볼 때, 가장 큰 기쁨을 느낀다. 때론 잠을 자다가, 주말이나 휴가 중에도, 심지어 크리스마스와 새해 첫날마저도 수술실로 달려오곤 하지만 한 번도 나의 일을 후회하거나 그만두고 싶던 적이 없었다. 하얀 가운을 입고 환자와 대화를 나눌 때나 푸른 수술복 차림으로 환자를 마주할 때, 나는 내가 누구인지, 어떤 사람인지, 그리고 앞으로 어떻게 살아가야 하는지를 새삼 다짐하게 되는 것이다. 나의 손길로 세상을 더 건강하고 평안한 곳으로 만들 수 있다면, 나는 때와 장소를 가리지 않고 최선을 다해야 한다.

은퇴 이후의 새로운 삶에 있어서도 나의 소명은 끝나지 않을 것이다.

대개 정년 이후 의사의 길은 한정적이다. 요양병원이라든지 건강보험공단 같은 곳에 자리를 잡는다면 그나마 괜찮은 편이다. 여의치 않으면 후배 의사의 병원 모퉁이에서 소극적인 진료를 이어가기도 한다. 그러나 수많은 경험과 지식을 축적한 전문의에게, 65세라는 정지선은 개인적으로나 사회적으로나 커다란 손실이라는 느낌을 지울 수 없다. 그리하여 나는 틈틈이 고민해왔다.

정년 후에 내가 가진 지식과 경험을 의미 있게 재활용(recycling)하는 방법은 무엇일까, 하고.

명사들 중엔 은퇴 후의 행적으로 더욱 빛나는 이들이 많이 있다.

미국의 제39대 대통령 지미 카터가 대표적이다. 그는 〈카터 재단〉을 설립해 세계 곳곳의 분쟁 지역을 방문하며 평화의 사절로 활동하는가 하면, 저개발국가들의 질병 예방과 치료 및 보건서비스 개선에 많은 노력을 기울였다. 또한 무주택 서민들을 위한 사랑의 집짓기, '해비타트(Habitat for humanity)' 운동에도 앞장섰다. 이러한 공로를 인정받아 2002년엔 노벨평화상을 수상하였다.

영화 〈로마의 휴일〉로 기억되는 세기의 여배우 오드리 햅번도 의미 있는 말년을 보낸 것으로 유명하다. 그녀는 젊은 시절부터 유니세프에 기부금을 전달해왔고, 50대부터는 직접 홍보대사를 맡아 아프리카, 남미, 아시아 등 제3세계 오지에서 헐벗은 어린이들의 기아 해결과 구호 활동에 앞장섰다. 암으로 세상을 떠나기 전까지도 그녀의 선행은 지속되었으며, 이에 2004년 유엔은 '오드리 햅번 평화상'을 제정하기도 했다.

그녀가 남긴 말은 오랜 시간 회자되며 많은 이들에게 감동을 주고 있다.

"당신은 나이가 들어갈수록 왜 손이 두 개인지 깨닫게 될 것입니다. 하나가 자기 자신을 돌보기 위한 손이라면 다른 하나는 다른 사람을 돌보기 위한 손임을요."

인생의 목적은 젊었을 때 화려한 성공을 이루는 데에만 있는 것은 아니다. 삶을 마라톤에 비유한다면 '정년퇴임'은 직장에서의 결승선일 뿐 인생 전체에서의 결승선은 아닐 것이다. 그런 면에서 은퇴한 뒤에 자신의 소명을 다하고자 노력한 많은 명사들의 삶은 커다란 감동과 깨달음을 준다.

## 내게 주어진 달란트를 위하여

성경 마태복음 25장에는 달란트에 대한 유명한 일화가 나온다.

주인이 종들의 능력에 따라 어떤 사람에겐 다섯 달란트를, 어떤 사람에게는 두 달란트를, 또 어떤 사람에겐 한 달란트를 맡기고 여행을 떠났다. 다섯 달란트를 받은 종은 얼른 가서, 그것으로 장사를 하였다. 그래서 다섯 달란트를 더 벌었다. 마찬가지로 두 달란트를 받은 종도 두 달란트를 더 벌었다. 그러나 한 달란트를 받은 종은 나가서 땅을 파고 그곳에 주인이 준 돈을 숨겼다. 세월이 흘러 주인이 돌아와 종들과 셈을 하였다. 다섯 달란트와 두 달란트로 달란트를 불린 종에게 주인은 똑같이 칭찬했다.

"참 잘했구나. 너는 착하고 신실한 종이다. 네가 작은 것에 최선을 다했으니, 내가 훨씬 더 많은 것을 너에게 맡기겠다. 주인과 함께 기쁨을 누려라."

그러나 마지막으로 한 달란트를 땅에 묻은 종에게는 이렇게 말했다.

"이 악하고 게으른 종아! 너는 내가 심지도 않은 데서 거두어들이고, 씨 뿌리지 않은 곳에서 거두어들인다고 생각하느냐? (……) 저 종에게서 돈을 빼앗아 열 달란트 가진 종에게 주어라."

이 일화는 하늘이 개개인에게 주신 능력과 재능을 잘 활용하라는 의미로 해석된다. 여기에서 재능이 많고 적음은 중요하지 않다. 그것이 많든 적든 자신에게 주어진 달란트를 최선을 다해 활용하는 것만이 중요하다. 그렇다면 내게 주어진 달란트를 더욱 많이 불리는 방법은 무엇일까.

고민 끝에 준비한 것이 〈MLC〉와 〈APITA〉이다. 그곳에서 내 지식과 경험을 활용한다면 나의 소명(calling) 또한 계속 이어지리라 믿는다.

# 1
# MLC (의료지도자협의체)

## 설립 취지와 목적

MLC(Medical Leaders Corporation)는 외교부 산하 사단법인체인 의료지도자협의체로서 의료 교육을 통한 취약지역의 의료 수준 향상에 역점을 두고 있다. 의료 현장에서 땀 흘리며 뛰는 이들에게 지식과 노하우를 전수하여 그들이 더욱 훌륭한 의사가 되도록 이끌겠다는 취지로 설립하였다. 이를 위해 국내 각 분야의 명의(名醫)들이 함께 뜻을 모으고 있다.

오래 전부터 의료 봉사를 다니며 품었던 고민은, 의료 취약지역에 장비와 약품을 제공하거나 단기간 의술을 펼치는 일만으론 근본적인 문제 해결이 어렵다는 것이었다. 그래서 우리는 그 지역에 리더역할을 할 젊은 의료진에게 교육 및 컨퍼런스를 통해 기술을 전수하고 그들 스스로가 자생력을 키워나갈 수 있도록 돕기로 했다. 더불어 국제 협력 차원에서의 의료 교육 봉사는 세계 의료 수준의 질적인 향상과 대한민국의 위상을 높이는 데에도 일조할 것이라 확신한다.

MLC는 자발적인 기금으로 운영되는 봉사단체이다. 한국 의료진들의 지적인 재능기부를 통해 현지 의료진들의 질적 수준 향상을 목표로 한다. 이러한 목적의식으로 출발해 2015년부터 우즈베키스탄 보건부, 타슈켄트 의대, 아제르바이잔, 아랍에미리트, 두바이, 베트남 등과 협약을 통해 공식적인 교육 봉사를 시작하였고 2020년 현재 중국 등으로도 대상 지역을 확대하고 있는 중이다.

## MLC(Medical Leaders Corporation) 소개

MLC는 정년 전후의 의사들이 주축이 되어 의료 저개발 국가를 대상으로 교육과 봉사를 실시하는 순수 NGO(Non-Governmental Organization) 단체이다. MLC가 다른 의료봉사 NGO와 다른 점은, '외교부 산하' 국제보건의료단체로서 해당 국가와의 외교 채널을 통해 의료 교육 봉사를 펼침으로써 한국 의료의 우수성을 널리 알리고 있다는 것이다.

2013년 11월 결성하여 2015년 5월 외교부 산하 사단법인으로 등록하였고, 현재 국내 대학 소속 의사 250여 명이 MLC 활동에 참여하고 있다. 비록 원로들이 뜻을 모아 만든 단체이지만 함께 동참하기를 원한다면 임상 경험이 있는 의사 누구든지 지원이 가능하다. MLC의 포부는 앞으로 회원을 1,000명 정도로 증원하여 국가별 의료 상황에 맞게 전문 의료진들을 파견하는 것이다.

MLC 회원으로 의료교육 봉사에 참여하면, 각 국가별 대학과 병원에서 의대 교수로 활동할 기회가 주어지며 현지 거주 비용 및 소정의 급여를 제공받기도 한다.

## 활동 내용 - 국외

MLC는 우즈베키스탄에서 첫 공식 활동을 시작했다. 2015년 6월 우즈베키스탄 보건부, 타슈켄트 의과대학과 협약을 맺고 2개월 간격으로 방문하여 의료 지식을 전수하고 시범수술을 펼치는 등 임상교육을 시행하였다. 2016년부터는 타슈켄트 의대 공식 요청으로 박사과정 학생들의 논문 심사자로 참여하여 전문 인력의 질적 수준 향상에도 기여했다.

내가 우즈베키스탄을 첫 활동지로 정한 데에는 나름의 까닭이 있다. 그곳은 일제강점기 등 험난한 현대사를 거치면서 고려인들이 강제로 이주당해 삶을 일궈온 터전이었기 때문이다. 같은 뿌리를 가진 한국인으로서의 남다른 애정이, 그곳에서 의료교육 지원 활동의 첫 테이프를 끊고 싶었던 내밀한 이유였다. 교육 지원 중에는 고려인 여선생을 한국으로 초청하여 아산병원에서 외과 레지던트 연수과정을 밟게도 하였다.

그러나 아쉽게도 2018년 타슈켄트 의과대학 총장이 바뀌면서 MLC와의 협약은 단절되었다. 필요할 때 언제든 다른 의료기관 NGO로부터 약품 조달과 치료 등 의료 지원을 받을 수 있으니 새로 부임한 총장 입장에서는 아쉬움이 없었으리라. 문제가 생길 때마다 타인의 도움을 받기보다는 스스로 그 문제를 해결할 수 있는 근본 능력을 키우는 것이 진정한 발전에 이르는 길임을 간과하고 있는 듯하여, 여러모로 안타깝지만 어쩔 수 없는 일이었다.

2016년 1월에는 아제르바이잔 보건부, 아제르바이잔 의학대학과 협약을 체결함으로써 두 번째 행보를 이어갔다. 당시 그곳에는 이미 터키, 이

MLC
Medical Leaders Corporation
의료지도자협의체

MLC가 다른 의료봉사 NGO와 다른 점은, '외교부 산하' 국제보건의료단체로서 해당 국가와의 외교 채널을 통해 의료 교육 봉사를 펼침으로써 한국 의료의 우수성을 널리 알리고 있다는 것이다.

스라엘, 독일에서 건너온 의료단체들이 많은 활동을 펼치고 있었다. 때문에 처음에는 현지인들의 인식 부족 등의 이유로 활동이 여의치 못하였다. 이에 MLC는 2020년 공식 루트를 통해 아제르바이잔 의료인들에 대한 교육 지원을 다시 재개하고자 한다.

반면 두바이는 한국에 대한 인식도 좋았고 의료 교육 지원에 대해서도 상당히 호의적이었다. 현지 관련자는 "미국 등 선진국과 MOU를 맺어 봤지만 형식적인 절차만 진행하고 자주 오려고 하지도 않았다." 며 MLC와의 협력에 큰 기대를 내비쳤다.

다음으로 우리는 아시아 국가로 활동 영역을 넓혔다. 가장 먼저 환영받은 곳은 베트남이었다. 베트남과 용산구청은, 베트남전쟁 당시 한국의 맹호부대가 파병되었던 빈딘성의 퀴논시와 MOU(Memorandum Of Understanding, 양해각서)를 체결했다. MLC는 빈딘성 병원 및 퀴논시 시립병원과 협력방안을 상호 협의하였고, 이후 우리 회원들의 지속적인 파견과 현지 의료진의 한국 연수를 단계적으로 계획해오고 있다.

또한 중국지역과의 MOU 체결을 통해, 상대적으로 취약지역인 감숙성에 의료진을 파견하여 교육 및 봉사를 함으로써 해당 지역의 의료 수준 향상에 기여하고자 계획하고 있으며, 시안에 위치한 국제시안병원(5,000병상)의 개원에 맞추어 의료진의 교육에도 관여하고 있다.

한 가지 아쉬운 점으로는, MLC의 주요 모토인 '의료 교육을 통한 국가 의료 수준의 질적 향상' 이 잘못 활용되고 있다는 것이다. 현지 의료인들은 MLC로부터 전수받은 지식과 노하우, 경험 등을 앞세워 병원(정형외과, 성형외과 등 클리닉 위주 센터) 개원을 일삼는 경우가 있다. '의료' 로서의 의사에게 도움을 주고자 함이지 그들 자신의 주머니를 채워주고자 한 일이 아니므로, 그런 소식을 들을 때마다 씁쓸한 뒷맛을 느낄 따름이다. MLC로부터 습득한 지식과 노하우와 경험은 현지 의료 상황에 맞게 더욱 심화된 연구를 거듭해야만 새로운 영역을 개척하는 등의 성과를 이룰 수 있다. 그 과정에서 진정한 리더가 탄생하고, 또 다른 리더를 만들어낸다. 앞으로 이들, 새로운 리더들이 서로 밀어주고 이끌어주면서 그 나라의 의료수준이 발전해가는 모습을 기대해본다.

## 활동 내용 - 국내

MLC는 국내 외교부 공공외교단과 협력하여 의료 관련 서비스와 더불어 교육으로부터 소외된 이들을 대상으로 상시 봉사활동을 진행하고 있다.

외국인 근로자, 난민, 의료 취약 지역에 대한 의료 서비스를 통해 사회적으로 취약한 이들의 건강 증진을 도모한다. 한편으로는 북한이탈주민 중 의료인들에 대한 교육을 통해 의사와 간호사로서의 실력 향상은 물론 국내에서의 취업 활동에 도움을 주고 향후 통일 한국에서 북한 의료 발전에 기여할 것이다.

## 앞으로의 계획

전 세계적으로 '한류' 가 유행이다. 얼마 전에는 봉준호 감독의 영화

〈기생충〉이 아카데미영화제 사상 외국어영화 최초로 최고 영예인 '작품상' 을 수상하면서 한류의 정점을 찍었다. 영화뿐만 아니라 드라마, K-팝 등 대중문화 전반에서의 한류가 대세로 굳어진 느낌이다. 그런데 이런 한류 붐이 의료 분야에서도 일어나면서 '의료 한류' 라는 말까지 생겨났다. 일단 나부터도 2012년 아랍에미리트 환자의 신장이식과 러시아 환자의 신·췌장 동시 이식 수술 등을 성공시킨 이후로 외국 환자의 비율이 늘고 있다. 이것은 비단 아산병원에만 해당되는 현상이 아니다. 국내 대형 병원에서 진료와 수술을 받기 위한 해외 환자들이 줄을 잇고 있다.

MLC의 모든 활동은 한국의 선진국형 의료 수준을 세계에 널리 퍼뜨림으로써 '의료 한류' 의 한 몫을 담당하며 민간 외교에 기여하고 있다.

새로이 시작한 일이 이렇듯 의미 있는 성과로 발전해가고 있으니 나로서도 감사할 따름이다. 앞으로도 더 많은 의료진들의 참여를 통해 필리핀과 스리랑카 등 동남아시아는 물론 아프리카, 남아메리카 대륙으로도 활동 영역을 넓혀가며 나눔과 봉사의 소명을 이어갔으면 하는 바람이다.

때로는 이런 생각도 해본다.

의료 분야의 발전을 바라는 마음에서 시작했지만, 더 나아가 우리 사회의 발전을 위해서 MLC와 같은 기구들이 늘어나면 어떨까. 각 분야에서 경험 많은 전문가들의 올바른 리더십과 역할이 잘만 발휘된다면 지금보다 좀 더 체계적인 발전을 이뤄낼 수 있지 않을까. 의료 분야에 닥친 사안을 타 분야 전문가들에게 맡길 수 없듯이, 원자력발전이나 환경문제나 에너지 문제와 관련한 결정들을 다른 이들이 대신할 수도 없는 노릇이다. 그러니까 사회 각 분야별로 전문적인 조언과 도움을 줄 수 있는 자문기구들이 생기면 어떠할까 싶다. 정치·경제·사회 등 여러 분야에서 이러한 전문가 그룹이 만들어지면 현재 우리 사회에서 쟁점이 되는 여러 가지 문제들을 해결하는 데에도 도움이 될 것이다.

자기 분야에서 오랜 시간, 어쩌면 거의 한 평생을 헌신하고 일로 매진해온 원로들, 진정한 전문가들이 모여 머리를 맞댄다면 어떤 경우에든 훨씬 더 현명한 결정을 내리고 발전적인 계획도 세울 수 있을 것이다. 이에 MLC가 롤모델이 된다면 기쁜 마음으로 노하우를 공개할 의향이 있다.

## ■ MLC(Medical Leaders Corporation) 연혁

| | |
|---|---|
| 2013년 11월 | MLC 임원 결성 및 비영리 단체로 활동 시작 |
| 2015년 5월 | 외교부 소속 사단법인으로 정식 등록 |
| 2015년 7월 | 서울시로부터 비영리 법인 설립 허가증 발급 |
| 2015년 8월 | 국세청으로부터 고유번호증(659-82-00040) 발급 |
| 2015년 9월 | MLC-남북하나재단(북한이탈주민지원재단) - 서울아산병원 3자 업무협약 체결 |
| 2017년 6월 | 정관 변경 |
| 2017년 9월 | 기획재정부 장관 지정 '지정기부금단체' 로 지정 |
| 2018년 1월 | 서울시로부터 비영리민간단체 등록증 발급 |
| 2019년 2월 | 국제학회(APITA 아시아 췌장-췌장도세포 이식학회) 개최 지원 |

## ■ MLC(Medical Leaders Corporation)의 임무

- 의료 교육과 의료 서비스가 필요한 국가에 인류애를 실천
- 장기 교육을 통해 의료 수준의 향상이 필요한 곳에 정년 전후의 시니어 의사들 파견
- 국제기관들과 협력하여 리서치 및 현장 업무 수행
- 세계 평화와 국제 협력에 기여
- 이러한 임무들을 수행하기 위하여 MLC는 수백여 명의 의료 전문인 회원들과 함께 협력하고 있습니다.

## ■ MLC(Medical Leaders Corporation)의 목표

- 저개발국가 대표 병원들을 대상으로 한 장기 의료교육을 통해 의료서비스와 질의 향상
- 의료교육을 통한 개발도상국가의 의료수준 향상
- 지속가능하고 적절한 기술과 효율적인 의료서비스 시스템 지원
- 해외 NGO들 및 병원과 국제 협력 네트워킹

## ■ MLC(Medical Leaders Corporation) 이사회

MLC의 상임이사진은 회장인 나를 비롯하여 의사 8명과 비 의료인 2명으로 구성되어 있다. 비 의료인은 주로 의사가 못하는 일들을 수행하는

데, 외국 대사를 통해 그 나라의 보건복지부 장관을 만나는 등 공식 루트를 마련하거나 재원 확보 등 의료봉사활동에 필요한 각 분야의 아이디어를 제공하고 관련 업무를 담당한다.

| 이름 | 담당분야 | 소속 | 직책 | 기타 |
|---|---|---|---|---|
| 한덕종 | 신장 · 췌장이식 | 서울아산병원 | 이사장 | |
| 이종국 | 소아과 | 전 인제대 일산백병원 | 이사 (기획) | |
| 이병인 | 신경과 | 인제대 해운대백병원 | 이사 (학술연구/교육) | |
| 임홍철 | 정형외과 | 전 고려대학교병원 | 이사 (조직) | |
| 김정구 | 산부인과 | 전 서울대학교병원 | 이사 (홍보) | |
| 김동명 | 안과 | 전 서울대학교병원 | 이사 (의료봉사) | |
| 정구영 | 응급의학과 | 이대목동병원 | 이사 (대외사업) | |
| 정훈용 | 소화기내과 | 서울아산병원 | 이사 (학술연구/교육) | |
| 정성교 | 금융 | | 이사 (재정) | |
| 신숭철 | 전 외교대사 | 전 외교부 | 이사 (국제협력) | |

# 2
# APITA
# (아시아 췌장-췌장도세포 이식학회)

## 설립 취지와 목적

APITA(Asian Pancreas and Islet Transplant Association, 아시아 췌장-췌장도세포 이식학회)의 설립은 MLC의 순항에 힘입은 바가 크다. 마치 나비효과처럼 좋은 일이 '꼬리에 꼬리를 물고' 일어난 경우였다. 한편으론 내가 진작 계획해 왔던 구상을 실행에 옮긴 일이었다.

2017년부터 IPITA (International Pancreas and Islet Transplant Association, 세계 췌장-췌장도세포 이식학회) 카운슬러로 활동하며 국내에서 도움 되는 일을 구상해오던 나는 MLC의 성장 과정에서 이러한 결심을 하기에 이르렀다. 그리하여 2018년 8월, 인슐린을 사용하는 당뇨병 환자의 기본적인 치료 방법으로 서양 국가들에서 활발히 시행되고 있는 췌장-췌장도세포 이식을 국내 및 아시아 지역에 소개하고, 각 센터 및 국가 간 학술 교류를 통해 이를 당뇨병의 궁극적인 치료법으로 더욱 발전시키고자 APITA를 설립하게 되었다.

당뇨병의 근본 치료 방법인 췌장이식은 미국을 중심으로 1960년대에 시작되었다. 서울아산병원에서 췌장이식을 선도해오면서 느꼈던 아쉬움은, 아직까지 국내에선 그에 대한 인식이 매우 부족하다는 점이었다. 인슐린을 분비하는 췌장의 기능을 보완하지 않는다면, 제아무리 건강한 신장을 이식받았다 해도 당뇨로 인한 합병증으로부터 자유로워지기 어렵다. 신장과 췌장을 동시에 이식해야만 비로소 당뇨병 완치에 이를 수 있는 것이다. 당뇨병 인구가 300만여 명(2020년 기준)에 이르는 한국에서, 췌장 이식 수술이 활성화된 병원은 서울아산병원과 양산부산대병원 두 곳뿐이다. 다른 대형 병원에서는 연간 10여 명 안팎으로 수술이 이루어진다고 한다.

이러한 현실에서, 당뇨병으로 고통 받는 환자들에게 완벽에 가까운 치료 방법을 널리 알리고, 또한 타 병원 우수한 의료진들도 이렇듯 좋은 방법을 두루 활용할 수 있게 하고 싶었다. 궁극적으로는 이를 통해 한국 의학의 발전에도 기여할 수 있을 것이다.

서울아산병원이 주축이 되어, 이곳에서 그간의 경험을 토대로 리더십을 발휘하여 최선을 다한다면 그리 어려운 일은 아닐 거라는 확신도 들었다. 이에 더 나아가 일본, 중국, 한국, 대만 등 동북아시아의 의료 선진국들을 중심으로 아시아 전체 권역에서의 췌장이식 활성화에 이바지하고자 하였다.

## 제1회 아시아 췌장-췌장도세포 이식 학술대회 개최

APITA는 2019년 2월 21일(목)부터 3일간 서울아산병원에서 〈제1회 아시아 췌장-췌장도세포 이식 학술대회〉를 개최하였다.

우선적으로 내가 췌장 장기이식을 대표하고, 췌장도세포 이식 분야에서는 서울 가톨릭대학교 내분비내과 윤건호 교수, 그리고 이종이식을 대표하여 서울대학교 박정규 교수 등이 이사로서 몇 차례의 사전모임을 가지며, 회의의 목적과 의미 그리고 구체적 회의 어젠다(agenda)를 구성하였다.

회의 전 내가 카운슬러로 참여하고 있는 IPITA의 당시 회장이었던 티에리 버니 교수의 적극적인 지지와 협조가 큰 힘이 되었고 티에리 버니 교수와 IPITA 카운슬러인 Dr. Cooper 및 Dr. Kay가 참석하여 본 학회를 지원하였다. 일본 췌장도세포 이식학회 회장인 다카시 켄모치 교수와 대만 의료기관 타이베이 영민총의원의 이밍샤 교수를 포함하여 총 14개국의 석학 250여 명이 참석하여 췌장-췌장도세포 이식 활성화를 위한 학술 교류의 장이 마련되었다.

한국을 포함한 아시아 지역에서의 췌장이식의 활성화와 췌장도세포 이식의 발전, 그리고 효율적인 장기 공유 및 췌장이식 데이터 관리를 위해 설립된 APITA가 본연의 목표에 다가가기 위한 첫 걸음으로 시행한 뜻깊은 국제 학술대회였다.

## 프로그램 내용

첫째 날은 APITA 및 IPITA에 대한 소개로 첫 테이프를 끊었다. 이어 한국, 대만, 일본 등에서의 췌장-췌장도세포 이식 현황과 수술 방법 등을 소개하면서 강의와 토론이 진행되었다. 또한 췌장도세포 이식 분야에서 자가 및 동종 도세포 이식, 도세포 이종 이식 등 이식의 다양한 접근

apita

**Asian Pancreas and Islet Transplant Association**

췌장-췌장도세포 이식에 대한 저변 확대와 지속적인 발전을 위해 APITA는 2년마다 국제학술대회를 개최할 예정이다.
이로써 아시아 지역에서의 연구 네트워크 활성화는 물론 세계 췌장 및 췌장도세포 이식 분야의 발전에도 큰 몫을 할 수 있기를 바란다.

방식과 연구 정보를 나누는 자리를 마련하였다.

둘째 날에는 한국, 스위스, 호주, 미국, 일본, 대만의 연설자들이 췌장도세포 이식에서의 면역 반응과 조절 방안 등에 대해 다룬 다음 각국의 도세포 이식에 대한 임상 연구 결과를 공유했다.

마지막 날인 2월 23일 포럼의 주제는 췌장도세포 추출과 이식, 이종 이식의 임상 사례 및 신·췌장 동시 이식이었다. 한국, 중국, 일본, 미국의 발표와 패널 토론으로 마무리되기까지 열띤 분위기가 이어졌다.

이번 학술대회는 췌장도세포 이식에 대한 지식과 경험을 교류하는 장이면서 국가 간 임상 정보와 향후 발전을 위한 연구 과제를 함께 논의하는 자리였다. 이를 통해 한국의 의료 수준과 APITA의 활약상을 세계적으로 널리 알리는 계기가 되었다.

## 즉석으로 열린 강연 재방송

무슨 일이든 실행하다 보면 크든 작든 우여곡절을 겪게 마련이다. 처음으로 국제회의를 주관하면서, 생각지도 못한 문제로 어려움에 봉착하기도 했지만 그때마다 주변의 도움으로 일을 잘 성사시킬 수 있었다.

제1회 아시아 췌장-췌장도세포 이식 학술대회를 기획하면서, 처음에는 보다 안정적이고 체계적인 진행을 위해 전문 용역업체의 도움을 받고자 했다. 그런데 컨설팅을 받고 보니 예상보다 비용이 꽤 높았다. 고심하던 중에 나의 조카 두 명이 그 일을 해보겠다고 나섰고, 순조로운 준비 과정을 거쳐 최소한의 자문만 업체에 맡기기로 하였다. 첫 브리핑 자리에서 컨설턴트는 감탄과 칭찬을 연발했다.

"아주 훌륭합니다. 일주일에 한 번이 아니라, 마지막에 최종 검토만 해드려도 되겠어요!"

학회 마지막 날엔 이런 일도 있었다.

아침 8시 30분부터 시작된 첫 강연이 끝나가고 있는데, 두 번째로 연단에 오를 강연자가 보이지 않았다. 시간은 재깍재깍 다가오고 나는 바싹바싹 입이 말랐다. 전화를 해도 문자메시지를 보내도 깜깜무소식. 8시 55분, 마침내 첫 강연자인 미국 조지타운대학의 Dr. Cooper 교수가 연단에서 내려왔다. 나는 그에게로 다가가 악수를 청했다.

"잘 들었습니다. 최고의 강연이었어요."

"고맙습니다."

"그런데 한 가지, 부탁을 드려도 될까요?"

그가 고개를 끄덕이며 미소 지었다.

"당신의 강연을 한 번 더 듣고 싶습니다."

그렇게 말하면서 나는 객석을 가리켰다.

군데군데 비어있던 자리가 채워지고 있었다.

그날 오프닝 시간은 8시30분이었는데, 대부분의 참석자들이 전날 스케줄과 같은 9시로 잘못 알고 있었던 바람에 빚어진 현상이었다.

"오픈시간 혼선으로 당신의 강연을 들은 사람이 많지 않으니, 지금 새로 오신 분들을 위해 한 번 더 해주시면 어떻겠습니까?"

나는 정중하게 요청하였다.

"오케이. 그렇게 하지요."

그는 흔쾌히 수락하였고, 나는 마이크를 잡고 상황을 설명하며 좌중의 양해를 구했다.

"여러분께서 괜찮으시다면, 제가 쿠퍼 교수에게 부탁해보겠습니다."

"좋아요!", "오케이!"

객석에선 박수와 환호가 잇따랐다.

그리하여 사상 최초의, 전례 없는 강연 재방송이 현장에서 즉석으로 펼쳐졌다.

## 학술대회가 갖는 의미와 향후 계획

모든 장기이식이 그러하듯이, 췌장이식에 있어서도 90% 이상을 뇌사자의 장기기증에 기대고 있는 현실에서, 장기 수급이 원활하지 못해 오랜 시간 힘겨워하는 환자들을 지켜보는 것은 의사로서 안타깝기 그지없는 일이다.

그런 면에서 췌장도세포 이식은 췌장에서 인슐린을 분비하는 도세포를 추출하여 환자에게 이식하는 방법으로, 뇌사자의 장기기증을 마냥 기다리기만 했던 기존의 수술 과정을 세포 주입으로 해결할 수 있는 최고의 대안이다. 최근에는 이종이식이나 줄기세포를 이용한 이식이라든지 유전자 주입 등 여러 방법이 적용될 수 있어, 이에 대한 활발한 연구가 진행 중에 있다.

많은 당뇨병 환자들에게 췌장 및 췌장도세포 이식이라는 새로운 치료법을 제시한다는 점에서, 이러한 방법에 대한 국내 인식 부족을 극복하고 세계 속에 한국의 의료 수준을 알린다는 점에서, APITA의 활동과 학회 개최는 상당한 의미를 갖는다.

앞으로도 췌장-췌장도세포 이식에 대한 저변 확대와 지속적인 발전을 위해 APITA는 2년마다 국제학술대회를 개최할 예정이다. 2019년 제1회 한국에서의 개최를 시작으로 2021년 제2회는 일본에서, 그리고 2023년 제3회 학술대회는 대만에서 열기로 이미 약속을 하였다.

이로써 아시아 지역에서의 연구 네트워크 활성화는 물론 세계 췌장 및 췌장도세포 이식 분야의 발전에도 큰 몫을 할 수 있기를 바란다.

## 한덕종 교수님께 - 환자로부터의 편지

존경하는 한덕종 교수님께

교수님, 안녕하십니까!

저는 환자 김○○입니다.

이 새벽에 잠도 오지 않고 해서 교수님께 몇 말씀 드리고 싶은 마음에 글을 써봅니다.

어느 날 느닷없이 병마가 찾아왔을 때, 저는 "왜 하필이면 나야? 내가 무슨 잘못을 했길래?"하면서 억울해 했습니다. 그러나 시간이 흐르면서 그러한 분노의 감정은 점차 줄어들고, 처참한 신세에 여전히 몸서리치면서도, 문득 이 소름끼치는 고통스런 경험도 오직 살아있는 사람만이 체험해 볼 수 있는, 아니 누려볼 수 있는 특혜임에 틀림이 없다는 깨달음을 얻게 되었습니다.

더욱이 한덕종 교수님을 만나 새로운 삶을 시작하게 되었고, 함께 살아주기를 눈물겹게 바라고 그토록 저를 사랑해주는 사람들과 함께 같은 하늘 아래에서 숨 쉬고 정을 나눌 수 있다는 생각을 할 때면, 교수님에 대한 감사한 마음이 더욱 솟구쳐 올라 그 은혜를 어찌 다 갚을지 몰랐습니다.

정말 "어떻게 다시 얻은 생명인데…"라고 생각하며, 그동안 무심코 해왔던 사소하고 평범한 일상도 소중히 여기며 정성을 다하여 삶을 일구어 왔습니다.

## 한덕종 교수님께 - 환자로부터의 편지

교수님!

제가 지금 겪고 있는 이 힘든 상황 역시 제게는 틀림없이 불행한 일이겠지만, 언제나처럼, 제게 주어진 모든 일들을 즐거운 세상살이로 기꺼이 받아들이고 싶습니다.

저 역시 'Aron T. Beck'의 말처럼, 우리를 불행하게 만드는 것은 발생한 사건 그 자체가 아니라 그 사건을 어떤 시각에서 바라보고 해석하느냐에 달려있다고 보기에, 이번 일도 완전히 100% 불행한 것만은 아니라고, "그나마 ~해서 참으로 다행이야."라고 생각하며 스스로를 위로하면서 용기를 내봅니다.

존경하는 교수님!

아무리 어렵고 비참한 상황에서도 그 모든 불행들을 '다행 모드'로 변환시킴으로써, 안간힘을 다해 인생을 행복의 정원으로 가꿔나가고자 하는 저에게, 지금은 그 어느 때보다도 교수님의 두터운 관심과 용기 주심이 절실하게 필요합니다.

항상 감사한 마음이온데, 이번에도 저에게 다시 한 번 제가 희망찬 삶을 꿈꿀 수 있도록 은혜를 베풀어주시길 간절히 소원합니다.

그럼 교수님, 다음에 또 인사드리기로 하고 이만 줄이겠습니다.

안녕히 계십시오.

2019. 10. 22. 환자 김○○ 올림

# 약력 및 업적 (2020년 6월 현재)

## 1. 학력 및 경력

| | |
|---|---|
| - 1965. 03 ~ 1968. 02 | 경기고등학교 졸업 |
| - 1969. 03 ~ 1975. 02 | 서울대학교 의과대학 졸업 |
| - 1977. 03 ~ 1979. 02 | 서울대학교 의과대학원 석사 |
| - 1979. 03 ~ 1985. 02 | 서울대학교 의과대학원 박사 |
| - 1980. 02 ~ 1983. 04 | 육군 제59 후송병원. 국방부 병무청 신검군의관 (소령 예편) |
| - 1983. 05 ~ 1990.08 | 한림대학교 부속 성심병원 일반외과 강사, 조교수, 부교수 |
| - 1986. 05 ~ 1987. 08 | 미네소타대학 부속병원 일반외과 장기이식 Research Fellow |
| - 1990. 09 ~ 1995. 03 | 울산대학교 의과대학 서울아산병원 일반외과 부교수 |
| - 1995. 04 ~ 현재 | 울산대학교 의과대학 서울아산병원 일반외과 교수 / 자문임상교수 |
| - 1995. 09 ~ 1995. 10 | 샌프란시스코 의과대학 부속병원 일반외과 장기이식 연수 |
| - 1998. 09 ~ 2002. 08 | 서울아산병원 장기이식센터 소장 |
| - 2000. 01 | Member, New York Academy of Sciences |
| - 1996. 03 ~ 2008. 03 | 국민연금관리공단 자문의사 |
| - 2002. 09 ~ 2008. 08 | 울산대학교 의과대학 서울아산병원 외과 주임교수 / 과장 |

- 2003. 04 ~ 2004. 03 한국학술진흥재단 학술연구심사평가 위원회 의약학분야 위원
- 2004. 08 ~ 2006. 12 건강보험심사평가원 진료심사평가 위원회 심사위원
- 2007. 10 ~ 2009. 10 대한이식학회 이사장
- 2008. 01 ~ 2010. 01 보건복지부 장기이식 윤리위원회 위원
- 2009. 08 ~ 2011. 07 KBS 의료자문위원장
- 2012. 09 ~ 2018. 01 한국의료분쟁조정중재원 의료사고 감정단 자문위원
- 2013. 03 ~ 현재 한국소아당뇨인협회 상임고문
- 2013. 10 ~ 2014. 10 대학이식학회 회장
- 2015. 05 ~ 현재 의료지도자협의체 (MLC) 회장
- 2017. ~ 현재 세계 췌장-췌장도세포이식학회 (IPITA) Councilor
- 2018. ~ 현재 아시아 췌장-췌장도세포이식학회 (APITA) 회장

## 2. 수상내역

- 1994. 04 정무 제2장관 표창
- 1996. 02 보건복지부 장관 표창
- 2006. 11 울산대학교 올해의 교수상
- 2008. 04 생명의 상, 생명포럼
- 2010. 11 대한이식학회 연구자상
- 2011. 04 Sun Lee Award, International Society for Experimented Microsurgery

- 2015. 02　　대통령상 옥조근정훈장 (66363호)
- 2017. 03　　아산의학상

## 3. 연구업적

### ● 특허 2건

| 특허일 | 특허번호 | 특허명 |
|---|---|---|
| 2002.01.30 | 제 324,302호 | 콜키친, 또는 콜키친 및 클로로카인을 유효 성분으로서 함유하는 면역억제제 |
| 2012.08.17 | 제 579,704호 | Colchicine derivatives or pharmaceutically acceptable salts thereof, method for preparing said derivativesm and pharmaceutical composition comprising said derivatives |

### MANUSCRIPTS REVIEW

27th International Congress of the Transplantation Society, Reviewer of Abstract 2017

American Journal of Transplantation, Reviewer of Manuscript 2017

Transplant International, Reviewer of manuscript 2017

Clinical Transplantation, Reviewer of Manuscript 2017

Transplantation, Reviewer of Manuscript 2018

Journal of immunology research, Reviewer of Manuscript 2018

Infection and drug resistance, Reviewer of Manuscript 2018

2020 TTS abstract review 2020

## ● 논문 (이식연구/신장이식/췌장이식/췌장도세포이식)

**total 401편**

국내 149편

국외 252편

## ● 저서

**Editor of Book**

『Kidney transplantation in sensitized patients』, Springer, 2020

『40g의 기적 』, 2015

**Author of Book**

『Transplantation surgery』, Springer, 2019

김진복 외, 「자가이식」, 『최신외과학』, 일조각, 1987

대한당뇨병학회, 「췌장이식」, 『당뇨병학』, 고려의학, 1992

김진복 외, 「췌장이식/자가이식」, 『최신외과학』, 일조각, 1995

김광우 외, 「췌장이식환자의 관리」, 『중환자진료학』, 여문각, 1996

대한당뇨병학회, 「췌장이식」, 『당뇨병학 제2판』, 고려의학, 1998

박용현 외, 「췌장이식」, 『간담췌외과학』, 의학문화사, 2000

「췌장이식」, 『간담췌외과학』, 의학문화사, 2004

대한당뇨병학회, 「췌장이식」, 『당뇨병학 제3판』, 고려의학, 2005

박용현 외, 「췌장이식」, 『간담췌외과학 제2판』, 의학문화사, 2006

대한당뇨병학회, 「췌장이식」, 『당뇨병학 제4판』, 고려의학, 2011

대한외과학회, 「췌장이식 및 췌장도세포이식」, 『외과학』, 군자출판사, 2011

김선회 외, 「췌장이식」, 『간담췌외과학 제3판』, 의학문화사, 2013

대한외과학회, 「췌장이식술」, 『외과수술 아틀라스』, 군자출판사, 2014

대한외과학회, 「췌장이식」, 『외과학』, 군자출판사, 2017

대한당뇨병학회, 「췌장이식」, 『당뇨병학 제5단』, 에듀케이션, 2017

## ● 국책 연구과제 수혜현황

| 지원기간 | 지원기관 | 총연구비 (단위:천) | 과제명 |
|---|---|---|---|
| 1988 ~ 1989 (1년) | 한국학술진흥재단 | 3,500 | Mouse의 심폐이식 후 표적장기를 중심으로 한 면역반응에 대한 고찰 |
| 1993.9 ~ 1994.8 (1년) | 한국학술진흥재단 | 13,000 | 장기이식에서 세포표면항원의 역할에 관한 실험적 연구 |
| 1995.3 ~ 1997.2 (2년) | 한국과학재단 | 24,000 | 당뇨병에서 췌장도세포 이식의 실험적 연구 |
| 1995 ~1997 (2년) | 보건복지부 | 42,000 | 이종이식 후 작용하는 면역반의 기전 규명 및 면역억제제의 개발 |
| 1997.10 ~ 1999.9 (2년) | 한국학술진흥재단 | 18,500 | 백서 심장이식 후 장기내 침윤된 monocyte/macrophage의 역할 규명 |
| 1998 ~ 2000 (2년) | 보건복지부 | 60,000 | 신규 면역억제제의 개발 |
| 1998.10 ~ 2001.4 (3년) | 한국보건산업진흥원 | 90,000 | 신규 면역억제제 (CKD-722)의 in-vivo 효능-효력 연구 |
| 2001.6 ~ 2005.4 (4년) | 한보건산업진흥원 | 1,075,900 | 성공적인 장기시이식을 위한 면역학적 조절기전 규명 연구 |
| 2006.3 ~ 2006.6 (4개월) | 한국보건산업진흥원 | 20,000 | 효율적인 뇌사자 발굴 및 관리방안 |
| 2006.4 ~ 2008.3 (2년) | 산업통상지원부 | 120,000 | T 세포에 특이적인 새로운 면역억제제의 개발 및 제품화 |
| 2008.11 ~ 2010.10 (2년) | 한국보건산업진흥원 | 120,000 | 장기이식 후 예후예측인자로 자가 수지상 세포를 이용한 장기이식 공여자 특이 T세포 면역반응 진단법의 개발 |
| 2009.5 ~2010.4 (1년) | 한국학술진흥재단/ 연구재단 | 10,987 | 중간엽줄기세포를 이용한 췌장도세포 이식 면역관용 유도 |
| 2011.11~2014.10 (3년) | 보건산업진흥원 | 240,000 | 신장이식에서 활성화된 기억 T 세포가 장기이식 예후에 미치는 영향 |

## 4. 진료업적

### ● 대표적 역할

1992.07 국내 최초 뇌사자 신장 & 췌장 동시 이식
1992.10 국내 최초 단독 췌장이식
1992.12 국내 최초 생체 기증자 췌장이식
1999.01 국내 최초 동시 간 & 신장 이식
1999.12 국내 최초 췌장도세포 자가이식
2005.01 국내 최초 생체 기증자 신,췌장 동시이식
2005.05 국내 최초 동시 심장 및 신장 이식
2009.08 국내 최초 뇌사자 췌장 및 생체 신장 동시 이식
2012.04 국내 최초 혈액형 부적합 신,췌장 생체 동시이식
2016.01 국내 최다 ABO 혈액형 부적합 신장 이식 525예
2020.06 국내 최다 신장이식 5,900예
국내 최다 췌장이식 470예

### ● 국내 외 장기이식에 기여한 사항 (2020년 6월 현재)

**1. 국내 뇌사자 장기이식 활성화에 기여**

뇌사자 최다 이식수술(신장이식 1,000예 이상, 췌장이식 400예) 및 뇌사자 장기이식법 개정 (2010) 주도

**2. 신장이식**

**1) 국내 최다 신장이식으로 국내 신장이식 선도 (5,900예 이상)**

매년 300예 이상의 신장이식 시행 (미국의 가장 이식 많은 Center에 해당)

**2) 뇌사자 신장이식 최다시행 (1,000예 이상)**

**3) 국내 최다 ABO 불일치 신장이식 (700예 시행 이상)으로 국내**

ABO 불일치 신장이식 활성화에 기여

4) HLA교차반응 양성환자에서의 최다 신장이식 (200예 이상)

가장 어려운 신장이식의 장벽을 극복함

**3. 췌장이식**

1) 국내 췌장이식을 처음 시행 (1992.10)

2) 국내 및 아시아 지역 지역 최다 췌장이식 (470예 이상)으로 췌장이식을 주도

국내 췌장이식의 67%가 아산병원에서 시행되었고, 이 숫자는 일본 전역의 췌장이식 300예보다 많은 예

3) 생체 췌장이식 21예로 미국 미네소타대학 다음의 경험이며 2000년 이후는 국내외 최다 예수임

4) 최근 장기 이식 성공률 (인슐린 끊음)이 1년 98%로 이상으로 국내외에서 가장 우수한 성적을 보임

5) 국내 췌장이식 14개 Center를 주도하며 췌장이식 연구회를 결성함)

6) 한국, 일본, 대만을 연계한 췌장이식 Registry를 결성하여 췌장이식 활성화에 기여하고 있음

7) 아시아 췌장,도세포 이식학회(APITA)를 설립(2018. 8)

제1회 아시아 췌장,도세포 이식학회를 서울에서 개최(2019. 2)

# 콜링



**초판 1쇄 인쇄** 2020년 7월
**초판 1쇄 발행** 2020년 7월

**지은이** 한덕종
**기획** (주)디지아이 T. 02)2277-7072 dgi2277@naver.com
**표지/편집디자인** 김지영

**펴낸곳** 영창출판사 (www.orthobook.com)
**등록** 제 2012-000028호
**주소** 서울시 영등포구 63로 32, 1114호(여의도동, 라이프콤비빌딩)
**전화** Tel. 02-926-3223 Fax. 02-924-3227
**대표메일** webmaster@orthobook.com

ISBN 978-89-92676-82-3 03800

책값은 뒤표지에 있습니다.
파본은 구입하신 서점에서 바꿔드립니다.